Ulrich Filler

Zerbrochene Herzen heilen
Neue Zugänge zur Beichte

fe
fe-medien, kisslegg

Im Andenken an
Pfarrer Karl-Ernst Jeners
(1930–2004)
einen großen Apostel des Beichtsakraments

Impressum

Umgeschlaggestaltung: Renate Geisler
Titelbild: Besinnung (Gemälde von Ines Junghans, www.ines-junghans.de)

Die kirchliche Druckerlaubnis wird für die Veröffentlichung erteilt.
Coloniae, die 30 m. Novembris 2005
Jr. Nr. 106 250 I 90 Dr. Dominik Schwaderlapp vic. Gen.

ISBN: 3-928929-88-7
Druck: Ebner & Spiegel, Ulm

Ulrich Filler

Zerbrochene Herzen heilen

Neue Zugänge zur Beichte

Inhalt

Der Erzbischof von Köln

Geleitwort
von Joachim Kardinal Meisner
zum Buch „Zerbrochene Herzen heilen"
von Kaplan Ulrich Filler

Eine besonders hilfreiche und nützliche Erfindung der modernen Technik ist das Navigationssystem. Wo man früher als Fahrer oder Beifahrer auf fremden Straßen hektisch suchen musste, sagt uns heute ein Gerät mit freundlicher Stimme, welchen Weg wir nehmen sollen, wo wir geradeaus fahren und wo wir abbiegen müssen. Und wenn wir uns dann doch einmal verrannt und verfahren haben, hören wir die Worte: „Bei nächster Gelegenheit bitte wenden!" Im kirchlichen Leben nennt man eine solche Wende, eine solche Umkehr und Hinkehr zu Gott „Beichte".

Freilich beschränkt sich das Bußsakrament nicht auf eine Vermittlung moralischer Hinweise und Verhaltensmaßregeln. Wie der Titel von Ulrich Fillers Buch treffend sagt, geht es um Heilung. Denn gesund und heil kann nur der Mensch sein, der nach Gottes Ordnung lebt; jede Abweichung davon bewirkt eine Verkrümmung in sich selbst. Die fatalen Folgen der Sünde waren schon dem alttestamentlichen Frommen bewusst, wenn er im Psalm betete: „Solang ich [meine Schuld] verschwieg, waren meine Glieder matt, den ganzen Tag musste ich stöhnen. Denn deine Hand lag schwer auf mir bei Tag und bei Nacht; meine Lebenskraft war verdorrt wie durch die Glut des Sommers. Da bekannte ich dir meine Sünde und verbarg nicht länger meine Schuld vor dir. Ich sagte: Ich will dem Herrn meine Frevel bekennen. Und du hast mir die Schuld vergeben" (32,3-5).

Der Autor legt hier ein Kompendium der wichtigsten Aspekte des Bußsakramentes vor, das die kirchliche Lehre in gut verständlicher, ja unterhaltsamer Sprache erläutert. Ich wünsche ihm viele und interessierte Leser, die das Buch nicht nur theoretisch nutzen, sondern sich davon zu einer regelmäßigen Beichtpraxis ermuntern lassen, getreu dem Wort des Apostels Paulus an die Korinther: „Wir bitten an Christi statt: Lasst euch mit Gott versöhnen!" (2 Kor 5,20).

Köln, im Dezember 2005

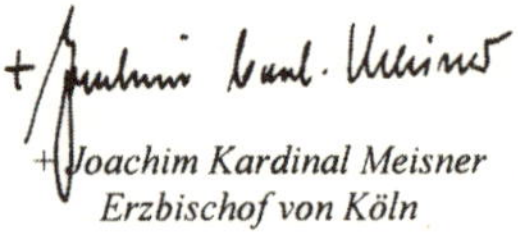

+ Joachim Kardinal Meisner
Erzbischof von Köln

Zerbrochene Herzen heilen

Im Lukasevangelium wird berichtet, wie Jesus am Anfang seines öffentlichen Wirkens in der Synagoge seiner Heimatstadt Nazaret lehrt und ein Wort aus dem Buch des Propheten Jesaja (61,1) vorliest:

Der Geist des Herrn ruht auf mir;
denn der Herr hat mich gesalbt.
Er hat mich gesandt,
damit ich den Armen eine frohe Botschaft bringe
und alle heile, deren Herz zerbrochen ist,
damit ich den Gefangenen die Entlassung verkünde
und den Blinden das Augenlicht;
damit ich die Zerschlagenen in Freiheit setze
und ein Gnadenjahr des Herrn ausrufe.

Und Jesus fährt fort: *„Heute hat sich das Schriftwort, das ihr eben gehört habt, erfüllt.“* (Lk 4,16–21) Jesus Christus ist der verheißene Messias, der in den prophetischen Schriften des Alten Bundes angekündigt wurde. Er ist der menschgewordene Gott, durch den die Menschen wieder Zugang zu Gott finden. Er ist gekommen, uns zu erlösen, d.h. uns von neuem einzuladen, an der Liebesgemeinschaft des Dreifaltigen Gottes teilzuhaben und das göttliche Leben, das den Tod besiegt, zu empfan-

gen. Das Jesajawort ist wie die Verkündigung dieses Erlösungsprogramms.
Da das Sakrament der Beichte heute im Leben vieler Christen kaum noch einen Stellenwert hat, nennt man es auch das „vergessene“ oder „verlorene“ Sakrament. Man könnte meinen: na gut, eine typisch katholische Nebensache, die im Laufe der Zeit verschwunden ist. Die Beichte ist aber keine Nebensache; sie steht ganz im Gegenteil im Zentrum unseres Glaubens, denn sie ist nach der Taufe das große Sakrament der Erlösung. Die Krise der Beichte ist in Wirklichkeit die Krise des Erlösungsglaubens – stillschweigend hat sich unser Glaube verändert. Wovon, bitte, soll ich denn noch erlöst werden? Es geht mir doch gut! – So könnte man die Grundhaltung vieler Christen umschreiben. Der amerikanische Theologe H. Richard Niebuhr hat es einmal so ausgedrückt: „Die heutigen Christen des Westens dürften zu der Entdeckung gelangt sein, daß sie einen Gott verkünden, dem jeder Zorn fremd ist und der durch einen Christus ohne Kreuz Menschen ohne Sünde in ein Reich ohne Gericht führt.“ Tatsächlich scheint dies die Grundlage zu sein, auf der der katholische Glaube heute oft praktiziert wird.

Es gilt, neue Zugänge zu diesem vergessenen Sakrament zu schaffen. Nicht um der Beichte willen, sondern um unsertwillen. Denn die Wirklichkeit der Sünde, die heute oft nicht mehr erkannt wird, zerstört den Menschen in seinem Innersten. Die Sünde macht uns lieblos und armselig, sie zerbricht und zernagt unser Herz, sie fesselt und bindet uns an uns selbst, sie zerschlägt uns und macht uns unfrei. Wir werden blind für die Wirklichkeit und die Liebe Gottes. Wir drohen zu scheitern – endgültig und ewig. Jesus bringt die Frohe Botschaft. Er bringt Licht und Freiheit, er ist der Arzt, der unsere zerbrochenen Herzen und unsere ruinierten Beziehungen heilen will.

Wir sehnen uns nach Heil und Geborgenheit, nach Frieden und danach, wirklich geliebt und angenommen zu sein. Wir sehnen uns danach, uns fallenlassen zu können, umarmt zu werden und Sorgen und quälende Fragen, Bitterkeit und Falschheit einfach abstreifen zu können. Unserer Sehnsucht steht eine andere, größere Sehnsucht gegenüber: die Sehnsucht unseres Gottes. Im Sakrament der Beichte können wir ihr begegnen.

Kapitel I

Sünde – Gnade – Erlösung

1. Das Problem: Was ist Sünde?

Der alte Pfarrer war seit dreißig Jahren in derselben Pfarrgemeinde. Und seit dreißig Jahren bereitete er selbst die Kinder auf die Erstkommunion und auf die Erstbeichte vor. Dreißig Jahrgänge von Kommunionkindern lernten in der ersten Stunde des Beichtunterrichts den Satz auswendig: „In der Beichte schenkt Gott dem Menschen die Vergebung aller Sünden." Es ist der zentrale Satz, der das Geheimnis der Beichte zusammenfaßt: Das Geschenk der Beichte besteht darin, daß Gott die Sünden vergibt.

Fast jeder, der als katholischer Christ aufgewachsen ist, kann sich noch daran erinnern, wie er als Kind gebeichtet hat. Kinder beichten in der Regel gerne. Natürlich sind sie aufgeregt, und es gibt auch für Kinder Schöneres, als über die eigenen Sünden und Fehler nachzudenken und sie dem Priester zu offenbaren. Aber ihre strahlenden Gesichter nach der Beichte sprechen Bände: Beichten ist schön! Beichten macht Freude! Nach der Beichte fühlt man sich froh und leicht und könnte die

ganze Welt umarmen. In der Beichte schenkt Gott dem Menschen die Vergebung aller Sünden – ist das nicht schön?
In der Regel ändert sich diese Einstellung zur Beichte im Laufe der Zeit. Ohne die Unterstützung der Familie gehen die meisten Kinder nach ihrer Erstkommunion nicht mehr regelmäßig zur Beichte. Vielleicht noch einmal vor der Firmung und später anläßlich der kirchlichen Trauung – aber das war's dann auch schon. Es ist eine schlichte Tatsache, daß die meisten katholischen Christen auch ganz gut ohne die Beichte auskommen. Man verändert sich, wenn man erwachsen wird. Auch der Glaube verändert sich natürlich – er soll tiefer und reifer werden. Ein Erwachsener führt ein anderes Leben als ein Kind und braucht daher auch einen erwachsenen, reifen Glauben: einen Glauben, der dem Leben einen Sinn und eine Richtung gibt, der es trägt und formt. Wenn man mit Erwachsenen über die Beichte diskutiert, gewinnt man manchmal den Eindruck, daß ihr Glaube in vielen Bereichen gewachsen und gereift ist – nur nicht in Bezug auf die Beichte. Hier haben viele Jugendliche und Erwachsene noch den Zugang eines Erstkommunionkindes. Sie spüren natürlich deutlich: „Auf diese Weise kann ich nicht mehr beichten. Das wäre ja lächerlich. Ich nasche nicht mehr heimlich und ich zanke mich auch nicht mehr mit meinen Geschwistern. Und richtige Sünden – Mord und Totschlag etwa – begehe ich ja sowieso nicht."

Will man einen neuen Zugang zur Beichte gewinnen, dann lautet die Kernfrage: Was ist eigentlich eine Sünde? Naschen? Bei Rot über die Ampel gehen? Mord? Ehebruch? Hilft mir ein „Sündenkatalog“, eine Art kirchliches Strafgesetzbuch?

Es ist von großer Bedeutung, sich über das Wesen der Sünde klarzuwerden, die Wirklichkeit der Sünde und ihre Folgen zu verstehen. Ohne dieses Wissen bleibt mir der Zugang zur Beichte versperrt. Es ist ein bißchen so wie bei der Schutzimpfung. „Schluckimpfung ist süß – Kinderlähmung ist bitter!“ Ich erinnere mich noch gut an ein Plakat im Wartezimmer des Kinderarztes, das diese Aufschrift trug und das Foto eines Kindes mit verkümmerten Gliedmaßen zeigte. Wer nicht um die Gefahr und die schrecklichen Folgen der Krankheit weiß, dem ist auch die vorbeugende Impfung gleichgültig. Bei vielen Krankheiten ist es wichtig, sie bereits im Frühstadium zu erkennen – wenn man noch gar nicht merkt und spürt, daß man erkrankt ist. Dann sind die Heilungschancen viel besser, als wenn die Krankheit erst in einem späteren Stadium diagnostiziert wird und nur noch schwer behandelt werden kann. Auch die Sünde hat etwas von einer heimtückischen Krankheit an sich, deren verheerende Folgen man oft zunächst nicht spürt.
Analog zu den großen medizinischen Kampagnen der Vergangenheit und Gegenwart, die die Men-

schen über bestimmte Krankheiten, Ansteckungsgefahren und entsprechend notwendige Gegenmaßnahmen aufklären wollen, müssen viele Christen heute wieder für die Sünde, ihre Folgen und die vorhandenen Heilmittel sensibilisiert werden. Diese Analyse ist nicht so neu, wie man glauben könnte: Bereits 1946 betonte Papst Pius XII., daß die größte Sünde der heutigen Welt wohl darin liege, daß die Menschen die tiefe Bedeutung der Sünde nicht mehr erfassen.[1]

Wer die tiefe Bedeutung der Sünde verstehen will, muß zunächst die Frage nach Gott stellen. So wie ein Dia erst sichtbar wird, wenn man es vor eine helle Lichtquelle hält, so werden Wesen und Bedeutung der Sünde erst dann wirklich sichtbar, wenn ich sie vor dem Hintergrund eines lebendigen Glaubens an Gott, den Schöpfer und Erlöser, vor dem Hintergrund der Liebe und Vorsehung Gottes betrachte. Wenn ich die Sünde verstehen will, muß ich mich daran erinnern, daß ich als Mensch dazu berufen bin, in einer Liebesgemeinschaft mit Gott zu leben. Es gibt einen Zusammenhang zwischen dem Wesen der Sünde und meiner Beziehung zum heiligen Gott. Und umgekehrt gilt: Je mehr ich von Gott erfahre und je mehr ich von Gott weiß, um so besser und tiefer verstehe ich auch die Bedeutung der Sünde.

2. Die Entstehung der Sünde – vom Paradies und der Erlösung

Ursprünglich gab es die Sünde nicht. Gott hat die Welt und den Menschen gut erschaffen. Im ersten Buch der Bibel, im Buch Genesis, wird die ursprüngliche Schöpfung, das Paradies, beschrieben: Gott erschafft den Kosmos und die Welt, die Pflanzen und Tiere und schließlich den Menschen aus einem einzigen Grund: aus Liebe. Der dreifaltige Gott ist ja selbst die Liebe – aus Liebe ist der Mensch erschaffen worden und zur Liebe ist er bestimmt. Und ganz am Anfang, im Paradies, da war diese Liebesgemeinschaft noch in Ordnung, in Harmonie. Der Mensch lebte im Einklang mit Gott, im Einklang der Geschlechter und im Einklang mit der Natur. Man könnte auch sagen: Es gab eine perfekte Balance: eine Balance zwischen Gott und Mensch, zwischen den Menschen untereinander und zwischen Mensch und Natur. Es gab keinen Tod, keine Krankheiten, keine Hoffnungslosigkeit und keine Verzweiflung. Der Mensch mußte den Sinn des Lebens nicht erst mühsam suchen – er war offenkundig: Der Mensch ist von Gott und für Gott geschaffen, er ist von der Liebe und für die Liebe erschaffen, er liebte, und dies bedeutete die vollkommene Erfüllung und das vollkommene Glück. Damit er in dieser glücklich machenden Liebesgemeinschaft mit Gott leben konnte, besaß der Mensch ein besonderes Geschenk: das Geschenk des göttlichen Lebens. Der Natur des Menschen, der aus Leib und Seele besteht, wurde das neue, göttliche Leben eingegossen. Die Theologen bezeichnen dieses Geschenk des göttlichen Lebens auch als „übernatürliche Gnade“. So konnte der Mensch als Kind Gottes leben: als Wesen aus Leib und Seele, versehen mit der Gabe göttlichen Lebens, als Wesen, das geliebt wird und Liebe schenkt.

Dieser paradiesische Zustand dauerte aber nicht an. Im Buch Genesis lesen wir, wie der Teufel den Menschen versucht und ihn zur ersten und grundlegenden Sünde verführt: Adam und Eva essen von der Frucht des Baumes – was ihnen verboten war – und „erkennen“ Gut und Böse; dieses „Erkennen“ bedeutet: Sie wollen selbst so sein wie Gott, selbst bestimmen und festlegen, was gut und was böse ist. Der erste Mensch wurde zu der irrigen Vorstellung geführt, er werde wie Gott sein, wenn er nur noch aus eigener Macht bestehe, selbstherrlich und selbstgenügsam; wenn er sich selbst das Leben gebe. Autark, unabhängig von Gott sein zu wollen – darin besteht das Wesen dieser ersten Sünde, der Ursünde. Auch der Teufel, ursprünglich der größte und schönste aller Engel, wollte unabhängig sein und wandte sich im Augenblick seiner Erschaffung von Gott ab. Auch er wollte kein Geschöpf sein, das sich Gott verdankt, sondern wollte ohne Gott, ja gegen Gott sein. So wurde er zum Anti-Engel, zum Teufel.

Wie war es möglich, daß die Sünde auf diese Weise in das Paradies kam? Die Antwort darauf lautet: durch die Freiheit des Menschen. Gott hat den Menschen zur Liebe berufen, und deshalb hat er ihm auch die Freiheit geschenkt. Ohne Freiheit gibt es keine Liebe. Ich kann einem Menschen die Pistole auf die Brust setzen und ihn zu ziemlich vielen Dingen zwingen, aber nicht dazu, mich zu lieben. Liebe braucht Freiheit. Gott hat dem Menschen diese Freiheit zur Liebe geschenkt. Aber er hat auch zugelassen, daß der Mensch diese Freiheit mißbraucht, wenn er sich gegen Gott und die Liebe entscheidet.
Im letzten können wir das Geheimnis des Bösen und der Sünde nicht begreifen. Wie kann sich ein Engel im Augenblick seiner Erschaffung angesichts des liebenden Gottes gegen Gott, gegen die Liebe entscheiden? Wie konnte der Mensch Einklang und Balance, Harmonie und Glück des Paradieses verspielen in dem anmaßenden und hochmütigen Versuch, Göttlichkeit ohne, ja gegen Gott zu erlangen?

Das dunkle Geheimnis des Bösen bleibt uns in seiner ganzen unauslotbaren Tiefe unergründlich. Wir wissen aber, wie die Folgen dieser ersten Sünde aussehen. Sie sind für den Menschen furchtbar: Das Paradies hört auf. Der Einklang mit Gott wird gestört. Der Mensch ist nicht mehr länger Kind Gottes. Er verliert seine übernatürliche Gnade, das

Geschenk göttlichen Lebens. In der Folge ist er aus eigener Kraft nicht mehr in der Lage, Gott zu finden und zu Gott zu gelangen. Ein für den Menschen unüberwindlicher Abgrund zwischen Gott und Mensch tut sich auf. Ohne dieses göttliche Leben wird der Mensch in Ewigkeit von Gott getrennt sein.
Dies nennt man die „ewigen Folgen“ der Ursünde. Auch die menschliche Natur erleidet Schaden: Die Harmonie der Geschlechter wird gestört, die Natur wird dem Menschen feindlich, der Mensch muß ihr seinen Lebensunterhalt abtrotzen. Mit der Sünde kommen Krankheit und Leid, der Mensch muß sterben – der Tod tritt in die Welt. Der Mensch ist in seinem Innersten versehrt: Er schleppt eine Neigung zum Bösen mit sich herum, es fällt ihm plötzlich schwer, das Gute zu erkennen, zu wollen und zu tun. Dies bezeichnet man als die „zeitlichen Folgen“ der Ursünde.

Das Verhängnisvolle und Bösartige dieser Ursünde aus den Anfangstagen der Menschheitsgeschichte ist, daß sie sich wie eine Erbkrankheit auf alle Menschen erstreckt: Alle Menschen werden in diese Ursünde hineingeboren, ohne persönlich etwas dafür zu können. Die Ursünde wird deshalb auch als „Erbsünde“ bezeichnet. Jeder Mensch, der neu geboren wird, wird mit dem Fluch und der Last der Erbsünde und ihren zeitlichen und ewigen Folgen geboren – auch dies ist ein Geheimnis, das man

nicht im letzten und tiefsten verstehen und ergründen kann.
Gott hat diese ganze unglückliche Entwicklung zugelassen. Er hat die Freiheit des Menschen mit all ihren Konsequenzen respektiert. Aber er hat den Menschen nicht aufgegeben. Immer noch will er das Heil jedes Menschen, immer noch will er, daß jeder Mensch in der Liebesgemeinschaft leben kann, für die er geschaffen und bestimmt ist. Und da der Mensch aus eigener Kraft nicht zu Gott gelangen konnte, hat Gott den Schritt über den für Menschen unüberwindlichen Abgrund getan: Er ist selbst Mensch geworden in Jesus Christus, um uns vom Fluch der Ursünde und ihren Konsequenzen zu erlösen. Die schlimmste Folge der Sünde ist der ewige Tod – und durch seinen Tod und seine Auferstehung hat Jesus Christus diesen Tod ein für allemal besiegt!

Wir müssen dies noch einmal ganz klar herausstellen, weil heute viele Christen oft nur verschwommene und unklare Vorstellungen darüber haben: Ohne die Erlösungstat Gottes durch Jesus Christus wäre das ewige Schicksal eines jeden einzelnen Menschen die Hölle, das ewige Getrenntsein von Gott, das ewige, unabänderliche und totale Mißlingen des menschlichen Lebens. Erst vor diesem Hintergrund wird der Osterjubel der Kirche verständlich, die jedes Jahr in der Osternacht die Tatsache der Erlösung feiert und im Lob der Osterkerze, des Sinnbilds des auferstandenen Herrn, sogar die Sünde preist, weil die Antwort auf die furchtbare Ursünde das unglaubliche, wunderbare Geschenk der Erlösung ist: „O wahrhaft heilbringende Sünde des Adam, du wurdest uns zum Segen, da Christi Tod dich vernichtet hat. O glückliche Schuld, welch großen Erlöser hast du gefunden!“

Es ist aber nicht so, daß die Erlösung durch Jesus Christus automatisch jedem Menschen geschenkt wird, ob er will oder nicht. Die Erlösung verbreitet sich nicht einfach so, sondern ist ein Geschenk, zu dem wir Menschen ja sagen müssen – noch immer respektiert Gott unsere Freiheit, die Freiheit, die Vorraussetzung ist für die Liebe.
Die Erlösung also ist ein Geschenk, und wir empfangen es in den Sakramenten der Kirche, vor allem und zuerst im Sakrament der Taufe. In der Taufe wird die ewige Folge der Ursünde weggenommen, und uns wird von neuem das göttliche Leben geschenkt, das der Mensch durch die Ursünde verloren hatte. Wir werden von neuem zu Kindern Gottes. Unserer aus Seele und Leib bestehenden menschlichen Natur wird das göttliche Leben, die übernatürliche Gnade, eingegossen. Leider aber verbleiben uns die „zeitlichen Folgen“ der Erbsünde – so werden wir z.B. krank und müssen sterben. Auch die Neigung zum Bösen ist eine solche Folge der Erbsünde, die bestehenbleibt. Nach

wie vor fällt es uns schwer, das Gute zu tun und uns vom Bösen abzuwenden.
Erlösung bedeutet, daß wir seit der Taufe eigentlich zwei Arten von Leben besitzen: zum einen das natürliche Leben, das wir mit allen anderen Menschen teilen, das durch den Tod bedroht ist und einmal im Tod sein Ende findet. Zum anderen besitzen wir das übernatürliche Leben, das uns Jesus in der Taufe schenkt, und das wir durch die übrigen Sakramente, besonders durch die Vereinigung mit dem auferstandenen Herrn in der heiligen Kommunion, nähren, stärken und wachsen lassen sollen. Es ist das göttliche, ewige Leben, das durch den Tod nicht nur nicht mehr bedroht ist, sondern das im Tod sogar erst zur vollen Entfaltung kommt und uns jetzt und hier die Möglichkeit eröffnet, an der Liebesgemeinschaft des Dreifaltigen Gottes teilzuhaben. Und unser christliches Leben besteht im Grunde darin, in dieser Gemeinschaft mit Gott zu leben und zu lieben und die in der Taufe vorgenommene Umkehr vom Bösen hin zum Guten immer wieder zu vollziehen.

Die Erlösung durch den Tod und die Auferstehung Jesu Christi stellt die einschneidende Zäsur in der Welt- und Menschheitsgeschichte dar: Von nun an wird das Heil des Menschen durch sein Verhältnis zu Jesus Christus bestimmt. Jesus Christus hat ganz deutlich gemacht, worauf es ankommt: Der Mensch ist eingeladen, von neuem in der Gemeinschaft mit Gott zu leben. Er ist eingeladen, sich aus Liebe zu Gott völlig zu unterwerfen, sich gänzlich und absolut Gottes Willen zu unterstellen und sein Herz, seinen Geist, seinen Willen und Verstand, seine Freiheit und sein ganzes Leben hinzugeben. Wir sollen sozusagen die Bewegung der Ursünde („weg von Gott") in unserem Leben immer wieder rückgängig machen und uns auf Gott hin ausrichten („hin zu Gott"). Wenn ich die Erlösung, die Christus uns erwirkt hat, annehmen will, dann kann ich das also nicht einfach so tun, als würde ich eine Versicherung abschließen, an die ich mich erst dann wieder erinnern muß, wenn ein Schadensfall eingetreten ist. Wenn ich das Geschenk der Erlösung annehme, dann muß damit verbunden sein, daß ich aus tiefstem Herzen „ja" sage zu Gott und versuche, mein ganzes Leben nach diesem „Ja" auszurichten.

Bislang haben wir den Menschen und seinen Zustand im Paradies, seine Existenz nach dem Sündenfall und nach seiner Erlösung durch Jesus Christus betrachtet. Das Augenmerk lag auf der Ursünde, der Erbsünde, in die jeder Mensch hineingeboren wird. Von dieser Erbsünde muß man die **persönliche Sünde** unterscheiden. Obwohl wir für die Erbsünde nicht persönlich verantwortlich sind, müssen wir ihre Folgen tragen. Jetzt aber soll es um die Sünde gehen, die ich verursache, die meine Sünde ist, weil ich für sie verantwortlich bin: die Sünde, die ich nach der Taufe begehe, für die es das Sakrament der Beichte gibt.

3. Das Wesen der Sünde – Beziehung in Balance

Zwischen der Erbsünde und den persönlichen Sünden gibt es einen Zusammenhang. Auch die Erbsünde mit ihren bis heute bestehenden Konsequenzen für die gesamte Menschheit war ja zunächst die persönliche Sünde der ersten Menschen. Und wie im Falle der Ursünde so liegt auch unseren persönlichen Sünden das Geheimnis der Freiheit zugrunde. Unsere Berufung ist es, unsere Freiheit dazu einzusetzen, Gott zu erkennen und zu lieben. Aber – wie die ersten Menschen – können auch wir unsere Freiheit zur Sünde mißbrauchen. Und wie die Ursünde so ist auch unsere persönliche Sünde eine Bewegung der Abkehr: Sie führt uns weg von Gott, für den wir doch geschaffen sind. Dieses „Motiv" zieht sich durch alle Arten der Sünde, und das Neue Testament macht ganz deutlich, daß die Sünde aus genau diesem Grund gehaßt werden muß: weil sich der Mensch durch die Sünde gegen Gott erhebt und Gottes Willen widerstrebt. Die Sünde ist so gefährlich, weil sie im Grunde den Menschen selbst in seinem innersten Kern antastet, weil sie den Menschen da verletzt, wo er den Grund und den tiefsten Sinn seines Lebens findet, nämlich in seiner Beziehung zu Gott.

Es geht also nicht nur um eine äußere Tat, um ein Vergehen gegen ein Gebot oder Verbot. Jesus und die Apostel machen immer wieder deutlich: Der tiefste Grund für die Bosheit der Sünde besteht darin, daß der Sünder die Liebe Gottes verwirft, die sich in Jesus Christus geoffenbart hat. Die wirkliche Sünde schließt den Unglauben ein, sie führt dazu, daß man sich abwendet vom menschgewordenen, liebenden Gott.

Eine erste klassische Definition der Sünde besagt, daß die Sünde eine freiwillige Übertretung des Gesetzes Gottes darstellt. Sünde, das ist ein Fehltritt, eine Verwirrung, eine Unordnung, die aus einer freien Tat hervorgeht. Durch diese Tat verfehlt der Mensch sein Ziel – nämlich Gott und seine Liebe. Er irrt sich und wird enttäuscht. Die Folge der Sünde ist, daß die Beziehung zwischen Gott und Mensch verletzt oder gar zerbrochen wird.
Das eigentliche Ziel des Menschen ist das Leben mit Gott, die Einheit mit Gott. Und wie Wegmarken oder Hinweisschilder, die mir den richtigen Weg zu dieser göttlichen Lebensgemeinschaft zeigen, sind mir neben den 10 Geboten die Gebote der Kirche gegeben sowie – als fundamentales Gesetz des christlichen Lebens, in dem alle Gebote enthalten sind und zur Erfüllung kommen, – das Hauptgebot der Gottes- und Nächstenliebe. Verlasse ich den Weg dieser Gebote, riskiere ich zugleich, die

Lebens- und Liebesgemeinschaft mit Gott zu verlassen.

Diese erste klassische Definition der Sünde ist uns vertraut: Mörder, Lügner oder Diebe handeln gegen die 10 Gebote und gegen das Hauptgebot der Gottes- und Nächstenliebe. Ihre Taten sind größere oder kleinere Sünden. Etwas schwieriger sieht es mit einer zweiten klassischen Bestimmung der Sünde aus. Sie bezeichnet die Sünde als Abkehr von Gott durch die ungeordnete Hinwendung zu einem geschaffenen Gut. Auch hier geht es darum, daß ich mich von Gott abwende – aber auf eine Art und Weise, die nicht direkt als böse und schlecht zu erkennen ist. Denn zunächst einmal geht es um eine Hinwendung zu einem positiven Wert oder einem geschaffenen Wesen, das uns als ein Gut anzieht. Das Problem dabei besteht darin, daß diese an sich gute und positive Hinwendung mich in Wirklichkeit von Gott entfernt, weil sie ungeordnet ist. Zum Beispiel kann ich großen Wert auf das Familienleben legen und danach streben, daß die ganze Familie zumindest am Wochenende Zeit miteinander verbringt. Dieser Wunsch ist keine Sünde – im Gegenteil! Aber wenn das gemeinsame gemütliche Familienfrühstück mich am Besuch der Sonntagsmesse hindert, dann führt das eigentlich gute Anliegen dazu, daß ich mich letzten Endes doch durch eine Sünde aus der Gemeinschaft mit Gott herausbewege. Oder ein anderes Beispiel:

Sich zu verlieben ist keine Sünde – im Gegenteil! Sich zu verlieben und einander zu lieben ist etwas ganz Großartiges, denn schließlich entspringt die zwischenmenschliche Liebe der Liebe Gottes, und Mann und Frau zeigen in ihrer ehelichen Liebe ein Bild und Gleichnis der Liebe Gottes und der Liebe Christi zu seiner Kirche. Wenn ich mich aber als verheirateter Mann in eine andere Frau verliebe, fangen die Schwierigkeiten an: Die Liebe an sich ist etwas Schönes und Gutes. Doch in dem Moment, wo sie ungeordnet wird, wo sie meine Ehe aufs Spiel setzt und dazu führt, daß ich betrüge und lüge und in mich gesetztes Vertrauen enttäusche, daß ich Versprechen breche, die ich gegeben habe, – in diesem Moment führt mich die ungeordnete Hinwendung zu etwas an sich Gutem letztlich doch von Gott weg.
Das Problem besteht darin, daß solche Sünden sich oft versteckt halten. Man meint nicht, sich von Gott abzuwenden und will ja auch gar keine Sünde begehen. Nur in den seltensten Fällen sagt ein Sünder: Okay, ich habe jetzt keine Lust mehr auf die Gemeinschaft mit Gott. Ich will mich von ihm abwenden. Die Abwendung von Gott geschieht gleichsam verborgen, denn das, was ich will, erscheint mir ja eigentlich gut und erstrebenswert.

Die Sünde führt auf diese Weise dazu, daß der Mensch sich selbst betrügt. Denn er, der von Gott geschaffen wurde, findet die Erfüllung seiner

Sehnsucht nach Glück und Vollendung niemals nur in einem endlichen, geschaffenen Gut oder Wesen, sondern letzten Endes nur in Gott selbst. Hier wird eine besonders heimtückische Folge der Sünde deutlich: Der Sünder kann mit seiner Sünde letztlich gar nicht glücklich werden, die Sünde bedeutet immer ein Unglück, eine Katastrophe für den Menschen, auch wenn dies nicht immer so erfahren wird. Unsere Fähigkeit zum Selbstbetrug ist groß: „Es geht mir doch gut. Sünde? Unglück? Davon merke ich nichts!" Abgesehen davon, daß ich manche bösen Folgen der Sünde oft nicht sehen will oder sogar bewußt in Kauf nehme, hängen das Glück und die Erfüllung meines Lebens aber nicht nur von mir und meinen Bedürfnissen ab, sondern von Gott, dem letzten Ziel meines Lebens. Er allein kann mir das vollkommene, ewige Glück und die völlige, unbeschreibbare Erfüllung meines Lebens schenken. Ohne und gegen ihn werde ich in Ewigkeit nicht nur weniger glücklich, sondern vollkommen unglücklich sein.

Man muß sich also immer wieder vor Augen halten, daß das eigene Verhältnis zu Gott nur dann in Ordnung sein kann, wenn auch das Verhältnis zu allem Geschaffenen in Ordnung ist. Unser Glaube verlangt so etwas wie eine große Balance: Mein Verhältnis zu Gott ist nur dann richtig ausbalanciert, wenn gleichzeitig meine Beziehungen zu allem Geschaffenen und zu allen Geschöpfen diese

Balance nicht stören, sondern festigen. Mein ganzes Wesen, all meine Handlungen, Worte und Taten müssen durch alle meine Beziehungen hindurch letztlich auf Gott gerichtet sein. Denn von Gott sind wir geschaffen, und wir können nur dann unsere Bestimmung und letzte Erfüllung finden, wenn wir unsere Beziehungen und alles und jeden anderen einfügen in diese grundlegende Ausrichtung auf das große und letzte Ziel unseres Lebens: Gott und seine Liebe, die uns einmal in Ewigkeit glücklich macht.

So wird man die beste und tiefgehendste Beschreibung der Sünde unter dem Aspekt der Liebe geben können. Sünde, das ist die Ablehnung der Liebe zu Gott und zum Nächsten. Sünde ist im Grunde Selbstsucht und Egoismus, Sünde entspringt meinem Eigenwillen, der die Gebote übertritt, und meiner Eigenliebe, die in ungeordneter Weise an einem geschaffenen Gut hängt. Indem ich so die Liebe Gottes ablehne, wird die Sünde zugleich auch zur Undankbarkeit Gott gegenüber. Sie stellt eine Beleidigung Gottes dar, weil sie seine Liebe verletzt. Wenn ich bedenke, wie groß die Liebe Gottes ist, die durch den Tod Jesu am Kreuz offenbar wurde, wird die ganze Bosheit der Sünde deutlich, die eine solche Liebe zurückweist. So kann man zusammenfassend sagen:

• Gott hat den Menschen dazu berufen, an seiner Liebesgemeinschaft teilzunehmen. Dazu hat er ihn nach seinem Bild und Gleichnis geschaffen. In Jesus Christus wird diese Einladung Gottes an uns geoffenbart und realisiert. Das bedeutet nicht nur, daß dem Menschen die durch die Ursünde verlorene Teilhabe am Leben Gottes von neuem geschenkt wird – der Mensch ist dazu berufen, in noch größerer und vollkommenerer Weise am Leben Gottes teilzuhaben. „Allmächtiger Gott, du hast den Menschen in seiner Würde wunderbar erschaffen und noch wunderbarer wiederhergestellt", betet die Kirche darum im Tagesgebet der Weihnachtsmesse. Unsere Berufung, durch Jesus Christus teilzuhaben am göttlichen Leben, vollzieht und vollendet sich in der Gemeinschaft der Kirche. Die Sünde ist eine Absage an diese Einladung. Sie ist eine Absage an die göttliche Liebe und konkretisiert sich in der Übertretung des göttlichen Gesetzes und in der ungeordneten Anhänglichkeit an ein Geschöpf oder an etwas Geschaffenes, die dazu führt, daß sich der Mensch von Gott abwendet.

• Die besondere Schwierigkeit liegt darin, daß der Sünder in der Regel nicht das Böse als solches will, sondern angezogen wird von etwas, das ihm zwar gut erscheint, im Grunde aber böse ist. Er will lieben, aber er tut es auf ungeordnete Weise, seine Liebe wird nicht fruchtbar, sie mündet nicht ein in die Liebesgemeinschaft mit Gott.

• Die Voraussetzung dafür, in der richtigen Weise lieben zu können, findet der Mensch im Gesetz Gottes, im sog. „sittlichen Gesetz“, das Gott den Menschen geoffenbart hat (10 Gebote, Hauptgebot der Gottes- und Nächstenliebe) und das von der Kirche verkündet und erklärt wird. Dieses Gesetz Gottes verbietet alles, was die Teilnahme des Menschen an der Liebesgemeinschaft Gottes erschwert, und zeigt uns, wie wir in der rechten Weise leben und lieben.

4. Die Folgen der Sünde

Die Sünde hat Folgen. Die erste und unmittelbare Folge besteht darin, daß der Mensch in einen sündhaften Zustand gerät und so vor Gott schuldig wird. Die „Balance der Beziehungen“ gerät ins Wanken: Die Beziehung zu Gott wird schlechter oder zerbricht sogar ganz – jede Sünde ist ja ein Schritt aus der Liebesgemeinschaft heraus, eine Absage an die Liebe Gottes. Durch die Sünde verschließt sich der Mensch vor Gott.
Durch die Taufe wurde der Mensch zu einem Kind Gottes. Der Getaufte besitzt neben seinem menschlichen Leben, das er mit allen anderen Menschen teilt, auch das göttliche Leben. Er hat Anteil am Leben und an der Liebe Gottes. Dieses Geschenk der Erlösung nennt die Theologie auch die „heiligmachende Gnade“. Der Bruch mit Gott verletzt

diese heiligmachende Gnade, sie raubt dem Sünder das göttliche Leben, die Gotteskindschaft. Der Sünder verliert dadurch seine Liebenswürdigkeit vor Gott. Diese Folge der Sünde ist heimtückisch und gemein, denn man kann sie nicht spüren oder an äußeren Anzeichen feststellen. Ob ich voll und ganz in der Liebesgemeinschaft mit Gott lebe oder ob ich durch die Sünde dieser Gnade beraubt bin, steht mir nicht auf die Stirn geschrieben und ist auch keine Frage meines Gefühls. Das Geschenk des göttlichen Lebens, die heiligmachende Gnade, die Gemeinschaft mit Gott kann ich nur im Glauben erfassen – und wenn sie durch die Sünde verletzt oder mir ganz genommen wird, dann kann ich auch diese Folge nur aus dem Glauben heraus verstehen.

Diese erste Folge der Sünde, der Bruch mit Gott, hat Konsequenzen für die Ewigkeit. Durch die Sünde wird mir das Geschenk des neuen Lebens, das ich in der Taufe erhalten habe, geraubt. Es liegt nun an mir: Kehre ich um, bitte ich von neuem um dieses Geschenk der Erlösung? Oder verweigere ich mich und lehne das Angebot Gottes ab? Wenn ich in dieser Verweigerungshaltung verharre und sterbe, werde ich auch nach meinem Tod ohne das Leben Gottes dastehen – in Ewigkeit von Gott getrennt, in Ewigkeit aus eigener Wahl aus der erfüllenden und seligmachenden Liebesgemeinschaft Gottes ausgeschlossen.

Die zweite Folge der Sünde besteht darin, daß meine Beziehungen zu anderen Menschen und zu den geschaffenen Dingen in Unordnung geraten. Die Sünde zerstört auch die Gemeinschaft der Menschen untereinander, die von der Liebe bestimmt sein soll. Sie richtet sich auf diese Weise direkt gegen die menschliche Gesellschaft. Diese Folge der Sünde ist uns recht unmittelbar einsichtig – oft sind wir ja selbst im Alltag von dem Mangel an Liebe betroffen.
Als Christ bin ich zudem mit allen anderen Christen in der Gemeinschaft der Kirche verbunden. Wie die Glieder und Organe eines menschlichen Körpers zusammenhängen, so beschreibt Paulus die Gemeinschaft der Kirche als „geheimnisvollen Leib Christi“. (1 Kor 12,12–31a) In diesem Zusammenhang hat alles, was ich tue, Folgen auch für die Kirche. So wie der kleine Zeh schmerzen kann und dadurch den ganzen Körper in Mitleidenschaft zieht, zieht die Sünde eines Gliedes der Kirche die gesamte Kirche in Mitleidenschaft. Meine Sünde – auch die ganz persönliche, geheime Sünde – geht deshalb niemals nur mich selbst etwas an, ich kann nie sagen: Das ist meine eigene Sache, das mache ich selbst mit Gott aus. Seit meiner Taufe ist meine Sünde auch immer etwas, das die ganze Kirche betrifft und angeht.

Und schließlich trifft die Sünde den Menschen auch in seiner Natur. Die Liebesfähigkeit des Sünders wird schwächer und zielloser, je mehr die Balance seiner Beziehungen gestört ist. Auch die Freiheit wird kleiner – je mehr und je öfter ich mich für die Sünde und das Böse entscheide, um so schwerer wird es, diesem Mißbrauch der Freiheit zu widerstehen und sich für das Gute, für Gott, zu entscheiden.

Und während die erste Folge der Sünde, der Bruch mit Gott, Konsequenzen für die Ewigkeit hat, hat die ungeordnete Anhänglichkeit an Menschen oder geschaffene Dinge oder Werte für mich auch hier und jetzt Konsequenzen. Die Sünde trifft den Menschen unmittelbar, bis hinein in seine Leiblichkeit.

Das ist einleuchtender, als es zunächst erscheint, und wir alle haben diese Erfahrung bestimmt schon einmal gemacht: Wenn ich mich bekehre und umkehren will, wenn ich die Sünde bereue und Gott um Verzeihung bitte, wird meine tiefe Ausrichtung auf Gott hin wiederhergestellt. Der Bruch mit Gott – die erste Folge der Sünde – wird geheilt. Aber die anderen Folgen der Sünde werden nicht gleichzeitig rückgängig gemacht: Es gibt Folgen der Sünde, die ich gar nicht mehr rückgängig machen kann (wenn ich jemanden umgebracht habe, bleibt er tot, auch nachdem ich mich von der Sünde abkehre), und es gibt Folgen, die sich nur langsam und mit der Zeit rückgängig machen lassen (das Vertrauen, das ich mißbraucht habe, muß erst wieder mühsam erworben werden). Der Sünder findet nicht unmittelbar und notwendig die natürliche Ge-

sundheit und Liebesfähigkeit wieder. Denn die Sünde greift aus dem Herzen heraus den ganzen Menschen an. Und so muß die Bekehrung im Herzen des Menschen geweckt und allmählich verkörpert werden.
Hier wird deutlich, daß unser Leben ein Ernstfall ist. Ich kann Dinge tun, die unwiderruflich sind, und ich kann Haltungen, Denkarten, Charakterschwächen und schlechte Gewohnheiten nicht einfach und ohne einen langen Atem abstellen.

Wir müssen noch einmal den wichtigen Unterschied zwischen den Folgen der Sünde für die Ewigkeit und den Folgen der Sünde hier und jetzt festhalten: Das Allerwichtigste und Notwendigste, der größte Schatz, den wir besitzen, ist das Leben der Kinder Gottes, das Taufgeschenk der Erlösung, das uns ewiges Leben und ewiges Glück verheißt. Die schlimmste Folge der Sünde besteht darin, daß uns dieser Schatz geraubt wird. Und diese schlimmste Folge macht Gott sofort rückgängig – wenn wir nur wollen.
Die übrigen Folgen der Sünde, die unsere Mitmenschen und uns selbst betreffen, werden nicht alle unmittelbar rückgängig gemacht. Wir müssen sie in der Regel langsam und beharrlich mit der Hilfe Gottes angehen. Diese Einstellung bezeichnet man auch als „Buße“. Sie versucht, die empfangene Vergebung Gottes nach und nach im ganzen natür-

lichen Leben umzusetzen und konkret werden zu lassen.

5. Todsünde und läßliche Sünden

Es ist offenkundig, daß Sünde nicht gleich Sünde ist. Es gibt verschiedene Arten der Sünde und eine unterschiedliche Schwere der Sünde. Art und Schwere der Sünde bewirken auch entsprechend unterschiedliche Konsequenzen und Sündenfolgen. Die wichtigste Unterscheidung ist die zwischen schweren Sünden (Todsünden) und leichteren, sog. läßlichen Sünden, die man auch „Wundsünden" nennen kann. Sie beruht auf dem Zeugnis der Heiligen Schrift. Bereits Paulus zählt Sünden auf, die aus dem Reich Gottes ausschließen: *„Unzucht, Unsittlichkeit, ausschweifendes Leben, Götzendienst, Zauberei, Feindschaften, Streit, Eifersucht, Jähzorn, Eigennutz, Spaltungen, Parteiungen, Neid und Mißgunst, Trink- und Eßgelage und ähnliches mehr."* (Gal 5,19; vgl. auch 1 Kor 6,9) *„Sie sind voll Ungerechtigkeit, Schlechtigkeit, Habgier und Bosheit, voll Neid, Mord, Streit, List und Tücke, sie verleumden und treiben üble Nachrede, sie hassen Gott, sind überheblich, hochmütig und prahlerisch, erfinderisch im Bösen und ungehorsam gegen die Eltern, sie sind unverständig und haltlos, ohne Liebe und Erbarmen. Sie erkennen, daß Gottes Rechtsordnung bestimmt: Wer so handelt, verdient* *den Tod. Trotzdem tun sie es nicht nur selber, sondern stimmen bereitwillig auch denen zu, die so handeln.“* (Röm 1,29ff.)

Der Unterschied zwischen Todsünde und läßlicher Sünde wird in der Sünden**folge** offenbar: Eine Todsünde ist ein schwerer Verstoß gegen das Gebot Gottes, der den „Tod“ der Seele nach sich zieht. Mit dem „Tod“ der Seele ist gemeint, daß der Sünder die heiligmachende Gnade und die Liebesgabe Gottes verliert. Die Todsünde raubt ihm das Geschenk der Erlösung, die Teilhabe am göttlichen Leben. Er ist nicht länger ein Kind Gottes. Die Todsünde stellt einen wirklichen Bruch mit Gott dar, eine völlige und totale Absage an seine Liebe. Sie bedeutet die Abwendung von Gott, unserem letzten Ziel, unserer Seligkeit. Und dieser wirkliche Bruch kann durch menschliche Kräfte nicht wieder repariert werden.

Allerdings ist dieser „Tod der Seele“ nur nach dem Tod des Menschen unwiderruflich. Der Mensch kann zwar nicht mehr von selbst den Bruch mit Gott heilen, aber solange er lebt, kann er das Angebot Gottes annehmen. Gott will das Heil eines jeden Menschen, und er schenkt Verzeihung und Heilung – wenn wir sie denn annehmen wollen. Denn der Sünder muß an seinem Heil selbst mitwirken, indem er „ja“ sagt zur Gnade Gottes.

Damit eine Sünde wirklich eine Todsünde wird, müssen drei verschiedene Bedingungen gleichzeitig erfüllt sein:
Erstens muß es sich um eine schwerwiegende Sache handeln. Einen Anhaltspunkt dafür geben uns die 10 Gebote und das Hauptgebot der Gottes- und Nächstenliebe. Nach diesen Werten muß die Schwere einer Sünde beurteilt werden: Sünden, die sich unmittelbar gegen Gott richten, sind schwerer als Sünden gegen Menschen; Sünden gegen Menschen sind schwerer als Sünden gegen materiellen Besitz. Ein Mord wiegt schwerer als ein Diebstahl. Auch die Beschaffenheit der Personen, gegen die man sich vergeht, spielt bei der Frage nach der Schwere eine Rolle: Wenn ich gegen meine Eltern gewalttätig werde, wiegt das schwerer, als wenn ich einen mir Unbekannten schlage.
Zweitens muß der Sünder das volle Bewußtsein, die volle Erkenntnis haben über das, was er da tut. Er muß also wissen, daß seine Handlung ein schwerwiegender Verstoß gegen das Gebot Gottes, eventuell sogar eine Todsünde, ist.
Drittens muß der Sünder in freier und voller Zustimmung handeln. Die Todsünde beruht auf einer persönlichen, freien Willensentscheidung. Die schlimmste Sünde ist diejenige, die der Bosheit, also einer überlegten Entscheidung für das Böse, entspringt.
Erst dann, wenn diese Umstände alle eintreffen, kann man von einer Todsünde sprechen. Und hier liegt auch die Schwierigkeit begründet, einen Kata-

log aller Todsünden zu erstellen. Es kommt bei der Beurteilung nicht nur auf den Sachverhalt an, sondern auch auf den Einzelnen, auf sein Wissen, auf seinen Willen und auf seine Freiheit in der konkreten Situation. Es gibt verschiedene Umstände, die die Schwere der Sünde mildern können. Unser Katechismus nennt z.B. die unverschuldete Unkenntnis, Triebimpulse, Leidenschaften, von außen ausgeübten Druck oder krankhafte Störungen (KKK[2] 1860).

Die drei Bedingungen zeigen, worum es bei der Todsünde im Grunde geht: Der Sünder zerstört die Ausrichtung seines Lebens auf Gott, sein endgültiges Ziel. Er zieht ein geschaffenes Gut vor, er setzt sich einen geschaffenen Wert zum Ziel seines Lebens. Hier wird deutlich, daß der Hochmut die Wurzel einer jeden Sünde ist, und hier kommt auch wieder die Ursünde zum Vorschein, die ja ganz genau dieser totalen Abwendung von Gott als dem letzten Ziel des Lebens entspricht.

Nicht alle unsere täglichen Gedanken, Worte und Handlungen sind ausdrücklich auf Gott als das Ziel unseres Lebens ausgerichtet. Nicht alles, was wir tun oder lassen, bekräftigt unsere Wahl, unser Ja zu Gott – oder steht ihr entgegen. Die sicherlich weitaus meisten Sünden bedeuten nicht die völlige Ablehnung Gottes, sie sind Inkonsequenzen. Man denkt nicht genug nach, man handelt unlogisch und manchmal auch, ohne etwas wirklich zu wollen. Es sind Handlungen, bei denen ich mich nicht ganz und gar einsetze, in die ich mich nicht mit meiner ganzen Person hineingebe. Diese Sünden, die die Balance unserer Beziehungen zu Gott und untereinander nicht völlig zerstören, sondern sie eher mehr oder weniger ins Wanken bringen, nennt man die läßlichen Sünden. Wenn man die Sünde mit der Krankheit vergleichen will, dann sind die Todsünden zumindest lebensbedrohliche Erkrankungen. Die läßlichen Sünden aber führen nicht zum Tod, sie „verwunden" den Sünder nur (deshalb werden sie auch „Wundsünden" genannt).

Im Unterschied zum Todsünder bleibt der läßliche Sünder ein Kind Gottes, er hat weiterhin Anteil am Geschenk des göttlichen Lebens, er verbleibt in der Liebesgemeinschaft des Dreifaltigen Gottes. Durch die läßliche Sünde wird die Liebe, die Gott dem Menschen schenkt, nicht völlig geraubt, sondern nur geschwächt. Von einer läßlichen Sünde spricht man, wenn eine Sünde entweder nicht eine schwerwiegende Sache betrifft oder aber wenn in einer schwerwiegenden Sache ohne die volle Kenntnis und die volle Zustimmung gehandelt wurde.

Die läßliche Sünde läßt die Liebe erkalten. Und wie der stete Tropfen den Stein höhlt, so führt die läßliche Sünde, unternimmt man nichts dagegen, auch immer weiter zur Todsünde hin. Vielleicht ist es so wie mit meiner Kaffeemaschine: Wir haben sehr hartes Wasser, und das führt bekanntlich zur Kalkbildung. Natürlich nicht sofort – ein oder zwei Kannen Kaffee kann ich problemlos mit dem harten Wasser kochen. Auch der dritte oder vierte Durchlauf schadet der Maschine nicht. Aber ehe man sich versieht, ist die Maschine ziemlich verkalkt. Und wenn ich den Kalk ignoriere, ist meine Kaffeemaschine irgendwann völlig ruiniert. Die läßliche Sünde legt sich wie eine Art Kalk auf unsere Seele – sie macht sie hart und spröde und immer undurchlässiger für die Liebe Gottes. Und wenn man sie nicht regelmäßig entkalkt (durch Gebet, Buße und natürlich Beichte), ist sie irgendwann ruiniert. Tot. Ohne das Leben Gottes.

Die Sünde hat die unangenehme Eigenschaft, sich auszubreiten, sich zu vermehren. Wer hat noch nicht die Erfahrung gemacht, daß eine Lüge die andere nach sich zieht? Dies gilt auch ganz allgemein für alle Arten der Sünde. Wenn jemand eine bestimmte Sünde immer wieder wiederholt, spricht man von einem Laster. Die Sünde versucht, den Menschen immer fester in den Griff zu bekommen: Wenn man nicht gegensteuert, verfällt man immer mehr in sündhafte Neigungen, das Gewissen wird immer schwächer und kann Gut und Böse nur noch undeutlich unterscheiden.

In der christlichen Tradition unterscheidet man sieben Hauptsünden. „Hauptsünden" heißen sie, weil sie oft weitere Sünden und Laster nach sich ziehen.

Die sieben Hauptsünden:

1. Hochmut
2. Ungehorsam
3. Zorn
4. Geiz
5. Unmäßigkeit
6. Unkeuschheit
7. Trägheit

Im Evangelium spricht Jesus über eine weitere, besondere Sünde: *„Darum sage ich euch: Jede Sünde und Lästerung wird den Menschen vergeben, aber die Lästerung gegen den Geist wird nicht vergeben."* (Mt 12,31) Wenn das Evangelium an dieser Stelle von „nicht vergeben" spricht, dann bezieht sich dies nicht auf den Heilswillen Gottes: Gott will unbedingt das Heil eines jeden Menschen. Seine Barmherzigkeit ist immer größer als unsere Schuld – aber Gott zwingt sie uns nicht auf. Wer das Heil und die Barmherzigkeit zurückweist, wer sich verhärtet und im Bösen verharrt, wird ins ewige Verderben laufen; wer keine Vergebung wünscht, dem kann sie auch nicht geschenkt werden. Diese Sünde gegen den Heiligen Geist wurde in der Tradition der Kirche noch einmal differenziert:

Die sechs Sünden gegen den Heiligen Geist:

1. Die Verzweiflung am Heil
2. Die vermessentliche Heilsgewißheit
3. Widerstand gegen die erkannte Wahrheit
4. Neid auf die Gnadengaben anderer
5. Verstocktheit in der Sünde
6. Unbußfertigkeit in der Stunde des Todes

In der Heiligen Schrift ist besonders im Alten Testament von den „himmelschreienden" Sünden die Rede, also von Sünden, die buchstäblich „zum Himmel schreien". Nachdem Kain seinen Bruder Abel ermordet hat, spricht Gott zu dem Mörder: *„Was hast du getan? Das Blut deines Bruders schreit zu mir vom Ackerboden."* (Gen 4,10) Entsprechende Stellen findet man zur Sünde der Sodomiten (Gen 18,20; 19,13), zur Unterdrückung des Volkes Israel in Ägypten und zur Vorenthaltung des gerechten Lohns: *„Aber der Lohn der Arbeiter, die eure Felder abgemäht haben, der Lohn, den ihr ihnen vorenthalten habt, schreit zum Himmel"*, warnt Jakobus in seinem Brief die Reichen. (Jak 5,4) Hier finden wir übrigens ein gutes Beispiel dafür, daß sich die katholische Sündenlehre nicht einseitig auf das sechste Gebot konzentriert – wie gängige Klischees behaupten. Die besonders ungerechten Vergehen, die „himmelschreienden Sünden", beschreibt die Kirche wie folgt:

Die vier himmelschreienden Sünden:

1. Der vorsätzliche Totschlag (Mord)
2. Die widernatürliche Unzucht
3. Die Unterdrückung der Armen und Hilflosen
4. Die Vorenthaltung des gerechten Lohnes

Die persönlichen Sünden sind – wie es der Name schon sagt – immer eine persönliche Handlung. Dennoch können wir auch die Verantwortung für fremde Sünden mittragen, wenn wir daran mitwirken. Der Katechismus beschreibt präzise, wie man durch Mitwirkung an fremden Sünden schuldig wird (KKK 1868):

- Indem man sich direkt und willentlich daran beteiligt.
- Indem man sie befiehlt, zu ihnen rät, sie lobt oder gutheißt.
- Indem man sie deckt und nicht verhindert, obwohl man dazu verpflichtet ist.
- Und indem man Übeltäter schützt.

Auf diese Weise zieht die persönliche Sünde andere Menschen mit und breitet sich aus. Hier wird noch einmal deutlich, wie leicht andere durch die Folgen meiner Sünde in Mitleidenschaft gezogen werden können und Situationen geschaffen werden, die im Gegensatz zur Güte Gottes stehen (KKK 1869).

6. Die Dunkelheit der Sünde – vom Problem, die eigene Sünde zu erkennen

Wenn aus den vorhergehenden Ausführungen das Wesen der Sünde und ihre Folgen deutlich geworden sind, ergibt sich bei dem Versuch, diese theoretische Erkenntnis auf das eigene Leben und die eigene Schuld zu übertragen, ein großes Problem. Das, was in der Theorie ganz klar, eindeutig und verständlich erscheint, ist in der Praxis nicht mehr so leicht zu erkennen. In seinem nächtlichen Gespräch mit Nikodemus sagt Jesus: *„Jeder, der Böses tut, haßt das Licht und kommt nicht zum Licht, damit seine Taten nicht aufgedeckt werden."* (Joh 3,20) Mit der Sünde geht eine Dunkelheit einher.[3] Diese Dunkelheit macht es schwer, die Sünde zu erkennen: War das jetzt eine Todsünde? War ich wirklich ganz frei? Oder war es „nur" eine läßliche Sünde? Handelt es sich überhaupt um eine Sünde?

Ich bin weder ganz gut noch ganz böse. Gut und böse, Sünde und Nicht-Sünde liegen in meinem Leben oft dicht nebeneinander; die Grenze ist nur schwer zu erkennen und verschwimmt oft. Heroische Taten sind vielleicht genauso vorhanden wie Mittelmäßigkeit und echte Bosheit. Ich bin in der

Regel weder ganz gut und heilig, noch durch und durch böse und verdorben. Es ist so eine Mischung aus allem. Ich sage nicht: „So, jetzt will ich mal eine richtig böse Sünde begehen! Was kann ich anstellen?“ – Sünde fängt heimtückischer, schleichender an. Die Versuchung zum Bösen ist versteckter, manchmal widerstehe ich ihr, manchmal nicht. Es ist sehr schwer zu unterscheiden, wo ich noch unfrei bin und schwach werde, und wo die echte Bosheit, die willentliche Sünde, anfängt.
Oft ist es so, daß ich durch die Sünde anderer verletzt werde, daß ich so zunächst einmal Opfer und nicht Täter bin. Aber diese Verletzung kann dazu führen, daß ich selbst beleidigt und lieblos, ungerecht und aggressiv reagiere, andere verletze und selber schuldig werde. Wer kann solche Zusammenhänge und Prozesse im Blick auf die Frage nach der Schuld „auseinanderklamüsern“?
Auch erschwert unsere Neigung, uns selbst etwas vorzumachen, die Erkenntnis unserer Schuld. In hervorragender Weise beherrschen wir die Technik, unsere Schuld und Sünde schönzureden, um sie auf diese Weise vermeintlich loszuwerden. Ein schönes Beispiel für diese Verdrängungstechnik finden wir in der indischen Betrachtung „Er und Ich“:

Wenn er seine Arbeit nicht zu Ende führt, ist er faul. Wenn ich meine Arbeit nicht abschließe, bin ich zu beschäftigt und überarbeitet. Spricht er über andere, ist er ein Klatschmaul. Tue ich das gleiche, übe ich konstruktive Kritik. Verteidigt er seine Sache, ist er dickköpfig. Beharre ich auf meinem Standpunkt, bin ich ein Mann von Charakter. Redet er nicht mit mir, ist er hochnäsig. Rede ich nicht mit ihm, war ich nicht mit den Gedanken dabei. Ist er freundlich, führt er etwas im Schilde. Bin ich freundlich, ist das so meine angenehme Art. Schade, daß er mir so gar nicht ähnlich ist!

Jesus spricht einmal davon, daß die Menschen den Splitter im Auge des Bruders erkennen, aber den Balken im eigenen Auge nicht zu sehen vermögen. (Mt 7,3) Offensichtlich gibt es so etwas wie einen toten Winkel, einen blinden Fleck, der es uns schwermacht, die eigene Sünde klar und deutlich zu erkennen, während wir die Schwäche und Sünde des Anderen ohne Schwierigkeiten wahrnehmen. In dem großen Gebetbuch des Alten Testaments, den Psalmen, finden wir den Ausruf: „*Wer bemerkt seine eigenen Fehler? Sprich mich frei von Schuld, die mir nicht bewußt ist!*“ (Ps 19,13)

Wir können unser Leben, unsere Schuld, nur im Licht Gottes, im Licht der Wahrheit voll und klar erkennen. Und allzuoft haben wir den Eindruck, daß wir in der Dunkelheit der Sünde die Frage nach unserer eigenen Schuld nicht sauber und klar beantworten können. Natürlich können und sollen wir etwas tun: Indem er uns ein Gewissen gab, hat

Gott uns seine Stimme geschenkt, die uns sagt, was gut und böse ist. Wir stehen in der Pflicht, nicht nur auf unser Gewissen zu hören, sondern dieses sensible Instrument auch in der rechten Weise auszubilden. Aber auch dann, wenn wir uns um eine gute Gewissensbildung bemühen und regelmäßig eine Gewissenserforschung vornehmen, kann der Eindruck entstehen, daß unser Leben in seinen mehr oder weniger schuldhaften Verstrickungen einem riesigen gordischen Knoten gleicht und es unendlich mühsam wäre, dieses Knäuel zu entwirren. Doch das müssen wir gar nicht! Nur Gott kennt das Herz des Menschen bis in die Tiefe hinein, er kennt unsere innere Verfassung und die tiefe Ausrichtung unseres Willens. Er kennt uns besser, als wir uns selbst kennen. Es ist nicht nötig, die eigene Schuld stundenlang zu betrachten und zu sezieren. Viel wichtiger ist es, sie loszuwerden, indem wir sie in der Beichte der barmherzigen Liebe Gottes übergeben.

Kapitel II

Das Sakrament der Buße

1. Die Kirche setzt das Erlösungswerk Christi fort

Wer die Bibel aufschlägt, liest von einem Gott, der von sich aus auf den Menschen zugeht. Gott spricht den Menschen an. Er tritt in die Geschichte ein, er handelt in ihr. Seine Offenbarung (d.h. Selbstmitteilung) ist nicht etwas Geheimes, Verborgenes, nur Eingeweihten zugänglich, nicht Dichtung oder Symbol, sondern historisch konkrete Wirklichkeit. Gott ergreift die Initiative, damit der Graben zugeschüttet wird, der seit der Ursünde den endlichen, schuldbeladenen Menschen von ihm, dem Unendlichen und Heiligen, trennt. Gott schüttet diesen Graben zu, indem er sein ewiges Wort in die Endlichkeit der Geschichte spricht. Was der Mensch aus eigener Kraft nie vermocht hätte, erhält er als freies Geschenk Gottes.

Der Bund, den Gott mit den Menschen schließen will, findet seine letzte, endgültige Formulierung in Jesus Christus. In Christus erfüllen sich die Sehnsucht der Völker und die Verheißungen des alttestamentlichen Israels. Mit diesem neuen Bund, der durch den Tod Jesu am Kreuz und durch seine

Auferstehung besiegelt wurde, macht Gott uns Menschen das Geschenk und Angebot der Erlösung: Es umfaßt die Vergebung aller Sünden und das Geschenk der Gotteskindschaft mit dem Erbe ewiger Seligkeit. Auf alles das haben wir keinen Anspruch – alles ist Gnade, freie Gabe Gottes.
Dieses Geschenk der Erlösung wird uns „vermittelt" durch Jesus Christus. Er ist „Weg, Wahrheit und Leben" (Joh 14,6), er ist der „einzige Mittler zwischen Gott und den Menschen" (1 Tim 2,5).

In Christus begegnet uns ein Mensch, der ganz und gar Gottes Willen tut, weil er selbst Gott ist. Sein sichtbares menschliches Handeln ist immer auch unsichtbares Handeln Gottes. Was dies bedeutet, verstehen wir, wenn wir auf das irdische Leben Jesu blicken: Indem Christus menschliche Worte sprach, verkündete er uns Gottes Weisung. Wenn der Herr mit seiner Hand einen Kranken berührte, wurde dieser geheilt durch die Allmacht Gottes. Als der Mensch Jesus am Kreuz starb, schenkte der Sohn sich dem Vater hin. So wird Jesus Christus zur Brücke zwischen dem göttlichen Vater und der Menschheit, die durch den Sündenfall voneinander getrennt waren. In seiner Person kommen Gott und Mensch wieder in wechselseitigen Kontakt: Gott handelt durch den Menschen Jesus zum Heil aller Menschen. Der Mensch kommt durch die Person Christi wieder in Beziehung zu Gott. Er gelangt in eine Nähe zu Gott, wie sie größer nicht gedacht werden kann. Indem Gott Mensch wird, ist dem Menschen eine Tür geöffnet: Er darf Anteil am Sein Gottes erhalten in einer Weise, die seine Natur übersteigt.

Christus selbst ist nach seiner Auferstehung und Himmelfahrt in den Himmel Gottes zurückgekehrt. Er hört auf, in sichtbarer menschlicher Gestalt auf der Erde zu wirken. Damit das Werk Jesu Christi dennoch fortgesetzt werde, gibt es die Kirche. Die Kirche ist mehr als irgendein Verein oder eine Partei. Paulus sagt: Sie ist der geheimnisvolle Leib Christi, dessen Haupt der Herr selbst ist. Alle, die zur Kirche gehören, die Glieder an diesem Leib Christi geworden sind, stehen zu ihrem Herrn nicht nur in einer äußerlichen Verbindung, sondern in einer innerlichen Gemeinschaft – in der Liebesgemeinschaft des Dreifaltigen Gottes. Sie empfangen immer wieder das neue Leben Gottes, das sie zu Kindern Gottes macht.

Die Kirche hat nun die Aufgabe, möglichst viele Menschen zu Christus zu führen und ihnen das Geschenk der Erlösung zu vermitteln. Sie erfüllt ihre Aufgabe so, wie Christus selbst auf Erden gewirkt hat: Sie führt Gott und Menschen zusammen. Gott handelt durch die Kirche in unserer Welt – auch hier und jetzt und heute. Der Weg aber, auf dem das geschieht, ist der Weg der Sakramente.[4]

2. Sakramente – wirksame Zeichen des Heils

Ein Sakrament ist ein Zeichen; ein Zeichen, das sich durch drei ganz besondere Eigenschaften von allen anderen Zeichen unterscheidet: Es wurde eingesetzt von Jesus Christus; es verfügt über ein äußeres, sichtbares Zeichen, das aus einer „Materie“ (einer körperlichen Substanz, wie z.B. Wasser, oder einer sinnenfälligen Handlung) und aus der „Form“ (einem Wort, das gesprochen wird und das Symbolgeschehen deutet) besteht. Zudem verfügt es über eine innere, unsichtbare Wirkung oder Gnade.

Die Zeichen, die uns in unserem Alltag begegnen, haben einen hinweisenden Charakter: So weist mich das Stoppschild darauf hin, daß ich mein Auto anhalten muß, bevor ich auf die Vorfahrtsstraße abbiege. Der Ehemann, der seiner Frau einen großen Strauß roter Rosen mitbringt, will ihr mit diesem Zeichen etwas sagen – zum Beispiel: Ich liebe dich. Von allen diesen herkömmlichen Zeichen unterscheidet sich ein Sakrament dadurch, daß es auf das, was es bezeichnet, nicht nur hinweist, sondern daß es das, was es bezeichnet, auch bewirkt. Nehmen wir als Beispiel das Sakrament der Taufe. Zum Zeichen der Taufe gehört das Übergießen mit Wasser (bzw. das Untertauchen im Wasser). Das Zeichen ist in allen Kulturen und Religionen deutlich: Das Wasser reinigt den Körper, es belebt und erfrischt. Es ist ein Symbol für die Reinigung von Sünde und Schuld. Als der römische Statthalter Pontius Pilatus sich vor der Verurteilung Jesu die Hände mit Wasser wusch, hat er sich einer internationalen, allen Menschen verständlichen Zeichensprache bedient: Ich wasche meine Hände in Unschuld, ich bin unschuldig am Tod dieses Mannes. Ich möchte mich von dieser Schuld reinwaschen. Aber – Pilatus war schuldig! Er hat das ungerechte Urteil wider besseres Wissen gefällt – aus Feigheit, aus Angst um seine Karriere. Das Zeichen der Händewaschung hat ihn nicht automatisch von seiner Schuld befreit.

Wenn wir in der Kirche ein Kind taufen, dann spricht das Zeichen des Übergießens mit Wasser dieselbe Sprache, die schon Pontius Pilatus verstanden hat: Wir wünschen, daß das Kind von der Sünde, genauer gesagt: von der Erbsünde (denn persönliche Sünden hat ein Baby ja noch nicht) und ihren furchtbaren Folgen befreit wird. Und nun geschieht etwas, was man nicht sehen und hören kann, was aber dennoch Wirklichkeit ist: Das Kind wird wirklich von der Erbsünde erlöst, es wird wirklich zu einem Kind Gottes, es wird wirklich aufgenommen in die Gemeinschaft der Kirche. Dieses Zeichen weist nicht nur auf etwas hin („Gott, wir bitten dich, vergib diesem Kind die Erbschuld, mache es zu einem Kind Gottes!“), es erzielt auch tatsächlich diese Wirkung. Wenn der

Priester oder Diakon (im Notfall kann jeder Mensch, ob Christ oder nicht, die Taufe spenden, wenn er die rechte Intention hat, also das tun will, was die Kirche tut, wenn sie tauft) dem Kind dreimal Wasser über den Kopf gießt und dabei sagt: „N., ich taufe dich im Namen des Vaters und des Sohnes und des Heiligen Geistes“, dann haben wir die absolute Sicherheit, daß dem Kind die Erbsünde vergeben ist und es das Geschenk der Erlösung empfangen hat.

Sakramente schenken Sicherheit. Wer ein Sakrament in der rechten Weise empfängt, kann absolut sicher sein, daß das, was im Zeichen vollzogen wird, auch wirklich geschieht. Das ist eine phantastische Angelegenheit – gerade weil wir Gott nicht sehen können und weil wir den auferstandenen Herrn nicht anfassen können, wie es den Aposteln möglich war, werden wir in unserem Glaubensleben immer wieder von Unsicherheiten geplagt. Die Sakramente nehmen diese Unsicherheit.
Die Sakramente wirken auch dann, wenn der Spender der Sakramente unwürdig ist. Der heilige Augustinus mußte sich in der frühen Kirche mit den „Donatisten“ auseinandersetzen. Diese Gruppe vertrat die Meinung, daß nur der persönlich würdige Priester die Sakramente gültig spendet. Doch wenn ich mich erst von der persönlichen Würdigkeit des einzelnen Priesters überzeugen muß, um die Sakramente empfangen zu können, werde ich

wahrscheinlich gar nicht mehr die Messe mitfeiern oder beichten können – denn diese moralische Gewißheit habe ich nie. Nur Gott schaut in das Herz des Menschen und nur er weiß, wie „würdig" der Einzelne ist. Augustinus verteidigte die katholische Lehre, daß selbst ein schlechter und unwürdiger Priester die Sakramente gültig spenden kann. Denn die Gnade, das Geschenk, das mit dem Sakrament verbunden ist, ist unabhängig von dem Glauben oder der Würdigkeit des Spenders. Das Sakrament wirkt, wenn es in der richtigen Weise gespendet wird. Denn letztlich ist der eigentliche (der „primäre") Spender der Sakramente Christus selbst – der Priester ist nur sein Werkzeug. Und sogar mit einem unvollkommenen Werkzeug kann Christus Großes vollbringen.[5]

Sakramente sind notwendig. Gott hat uns den Weg gezeigt, der uns zum Heil führt. Und dieser Weg ist der Weg der Kirche und ihrer Sakramente. Deshalb sind sie heilsnotwendig. Und deshalb kann man die Kirche auch als die „alleinseligmachende" Kirche bezeichnen, denn nur sie schenkt den Menschen die Erlösung durch die Sakramente. Gott hat seine Gnade an die Sakramente gebunden – allerdings nicht auf eine ausschließliche Weise. Gott kann seine Gnade, sein Erlösungsgeschenk, auch ohne die Sakramente mitteilen (z.B. denjenigen, die ohne eigenes Verschulden nichts vom Evangelium und dem Glauben der Kirche wissen). Er wollte aber, daß alle Menschen den sicheren Weg zum Heil kennenlernen. Deshalb gab der auferstandene Herr den Aposteln vor seiner Himmelfahrt den Auftrag: *„Geht zu allen Völkern und macht alle Menschen zu meinen Jüngern; tauft sie auf den Namen des Vaters und des Sohnes und des Heiligen Geistes und lehrt sie, alles zu befolgen, was ich euch geboten habe.“* (Mt 28,19f.) Hier begründet sich die bleibende Aufgabe der Kirche, möglichst vielen Menschen den ordentlichen, sicheren und notwendigen Weg zum Heil zu zeigen.

Natürlich handelt es sich bei den Sakramenten nicht um Zauberei oder Magie. Wer ein Sakrament empfangen soll, muß dies auch wollen. Gegen den eigenen Willen kann man kein Sakrament empfangen. Sakramente wirken nicht mechanisch; sie sind ein Geschenk, das ich annehmen aber auch ablehnen kann.

Sakramente sind wirksame Zeichen des Heils. In jedem Sakrament wird uns die heiligmachende Gnade geschenkt, wir empfangen das neue Leben der Kinder Gottes, wir empfangen das ganze Geschenk der Erlösung. Zusätzlich enthält jedes Sakrament seine eigene, spezifische Gnade. Die Kirche kennt sieben verschiedene Sakramente, die das neue Leben Gottes im Menschen begründen und wachsen lassen:

Die ersten drei Sakramente begründen das neue Leben der Kinder Gottes und lassen es wachsen. Durch die **Taufe** wird der Mensch in die Gemeinschaft der Kirche aufgenommen, er wird zu einem Kind Gottes, in dessen Liebesgemeinschaft er lebt, er wird Glied am geheimnisvollen Leib Christi. Das neue Leben der Kinder Gottes kommt in der **Firmung** zu seiner Reife und Vollkraft: Der Gefirmte erhält die Kraft und die Gaben des Heiligen Geistes. Die **Eucharistie** ist das Sakrament des Altares. Sie ist die Nahrung des neuen Lebens – der Leib des Herrn selbst, vergegenwärtigt und geopfert in der heiligen Messe und empfangen in der heiligen Kommunion.

Taufe, Firmung und Eucharistie bezeichnet man als „Initiationssakramente", denn sie nehmen uns in die Kirche auf und schenken und stärken das neue Leben der Kinder Gottes.
Doch wie das natürliche Leben des Menschen durch Krankheiten gefährdet ist, so ist das übernatürliche Leben der Kinder Gottes durch die Sünde gefährdet. Das Sakrament der **Buße** heilt die Seele des Christen von der Verwundung durch die Sünde, vor allem von der tödlichen Verwundung. Durch das Sakrament der **Krankensalbung (letzte Ölung)** wird das neue Leben für den Eintritt in die Ewigkeit gestärkt und von den Überbleibseln der Sünde gereinigt. Wenn Gott es will, bewirkt es auch die körperliche Heilung. Beichte und Kran-

kensalbung sind die Sakramente der Versöhnung und Heilung.

Und schließlich gibt es noch die beiden sog. „Standessakramente“: das dreistufige Sakrament der **Weihe** (Diakonats-, Priester- und Bischofsweihe) und das Sakrament der **Ehe**. Im Sakrament der Ehe (das sich die Eheleute gegenseitig spenden, der Diakon oder Priester assistiert ihnen dabei) schenkt Christus das neue Leben der Kinder Gottes in besonderer Weise der Lebensgemeinschaft von Mann und Frau. Er macht sich zum „Dritten im Bunde“ und zum sicheren Fundament für ein gemeinsames Leben.

In der Priesterweihe wird noch einmal die gesamte sakramentale Struktur des Handelns Gottes durch die Kirche deutlich: In Jesus Christus wurde der unsichtbare Gott sichtbarer Mensch. Christus handelt heute durch die sichtbare Kirche, durch ihre Sakramente, nämlich durch sichtbare Zeichen, die das unsichtbare Heil vermitteln. Der Priester wird durch die Weihe zum „Werkzeug“ Christi – der unsichtbare Christus handelt durch den sichtbaren Priester, auch und selbst dann, wenn der Priester persönlich ein fieser Kerl ist. Besonders deutlich wird das bei der Feier der heiligen Messe: Wenn der Priester die Wandlungsworte spricht: „Das ist mein Leib …“, dann ist es eigentlich und in Wahrheit Christus, der durch den Priester handelt. Und wenn bei der Beichte der Priester die Worte sagt:

„Ich spreche dich los von deinen Sünden ...“, dann ist es Christus, der hier durch den Priester handelt.[6]

Durch die Sakramente wird das Geschenk der Erlösung für uns sichtbar, hörbar und fühlbar. Gott schenkt uns sein Heil in wirksamen Zeichen. Die Kirche kann uns diese wirksamen Zeichen der Sakramente spenden, weil sie selbst das „Ursakrament“ ist, weil sie selbst sakramentalen Charakter, d.h. eine sichtbare und eine unsichtbare Seite hat, die miteinander in Beziehung stehen. Auf diese Weise schenkt Gott das unsichtbare Heil in sichtbaren Zeichen – in ihnen können wir den unsichtbaren Gott berühren.

3. Das Sakrament der Buße

Bezeichnungen für die Beichte

Nachdem wir in ganz groben Zügen versucht haben, uns das Wesen der Sakramente vor Augen zu führen, können wir nun das Sakrament der Buße vor diesem Hintergrund etwas detaillierter beleuchten. Zunächst ist eine Anmerkung nötig bezüglich der verschiedenen Namen, die für dieses Sakrament gebräuchlich sind: Normalerweise sprechen wir vom „**Sakrament der Beichte**“. Hier wird das Eingeständnis der Sünden vor dem Priester – die „Beichte“ – betont. Der Name „**Sakrament der Buße**“ ist umfassender: Buße bedeutet

Umkehr (griechisch: *metanoia*) und schließt die Bereitschaft zur Umkehr, die Reue über die Schuld und die Genugtuung (also den Versuch der Wiedergutmachung) ein. Die Forderung nach Buße in diesem umfassenden Sinne der Umkehr zieht sich wie ein roter Faden durch das Evangelium. Mit den Worten: *„Kehrt um und glaubt an das Evangelium!“* beginnt Jesus sein öffentliches Wirken. (Mk 1,15) Verwirrenderweise wird der Begriff „Buße“ zugleich auch für einen bestimmten Teil des Sakraments verwendet, nämlich für die Genugtuung (Wiedergutmachung).
Neben diese beiden klassischen Bezeichnungen treten heute auch andere Namen für das Bußsakrament: „**Sakrament der Umkehr**“, „**Sakrament der Versöhnung**“ oder „**Sakrament der Vergebung**“ (vgl. KKK 1423f.). Im Lateinischen heißt das Beichtsakrament *„ordo poenitentiae“*. *„Poena“* ist die Strafe oder Buße, *poenitentia* heißt „Reue“. Derjenige, der seine Sünden beichtet, ist der „Pönitent“. Der Priester, der die Beichte entgegennimmt, wird als „Beichtvater“ bezeichnet.

Wir haben gesehen, daß alle Sakramente über drei unverwechselbare Merkmale verfügen. Wir können nun versuchen, diese Merkmale zu identifizieren, um so das Wesen und die Struktur des Bußsakraments besser kennenzulernen.

**Erstes Merkmal:
die Einsetzung durch Jesus Christus**

Jesus Christus hat die Kirche gestiftet, damit sie möglichst vielen Menschen das Heil vermittelt. Er wollte, daß seine Kirche auch die Vollmacht erhält, die nach der Taufe begangenen Sünden nachzulassen. Man hat die Beichte deshalb früher auch als „zweite Taufe“ bezeichnet. So wie der Mensch durch die Taufe in die Heilsgemeinschaft der Kirche aufgenommen wird, so erhält er durch die kirchliche Buße die Vergebung der Sünden, die er nach der Taufe begangen hat.

Jesus Christus selbst hat diesen Weg gewählt, um den Sünder wieder mit sich zu versöhnen. In der Gestalt der Apostel hat die Kirche die Vollmacht erhalten, dieses Geschenk der Versöhnung zu spenden. An verschiedenen Stellen des Evangeliums wird berichtet, wie Jesus den Aposteln die Vollmacht überträgt, Sünden zu vergeben. Einmal ist sie enthalten in der allgemeinen „Binde- und Lösegewalt“: *„Amen, ich sage euch: Alles, was ihr auf Erden binden werdet, das wird auch im Himmel gebunden sein, und alles, was ihr auf Erden lösen werdet, das wird auch im Himmel gelöst sein.“* (Mt 18,18) In besonderer Weise wird diese Vollmacht dem Petrus übertragen: *„Ich werde dir die Schlüssel des Himmelreichs geben; was du auf Erden binden wirst, das wird auch im Himmel gebunden sein, und was du auf Erden lösen wirst, das wird auch im Himmel gelöst sein.“* (Mt 16,19)

Nach seiner Auferstehung erscheint Jesus den Aposteln und schenkt ihnen mit der Gabe des Heiligen Geistes die Vollmacht zur Sündenvergebung: *„Friede sei mit euch! Wie mich der Vater gesandt hat, so sende ich euch. Nachdem er das gesagt hatte, hauchte er sie an und sprach zu ihnen: Empfangt den Heiligen Geist! Wem ihr die Sünden vergebt, dem sind sie vergeben; wem ihr die Vergebung verweigert, dem ist sie verweigert.“* (Joh 20,21ff.)

Die Vollmacht, Sünden zu vergeben, war kein persönliches Charisma der Apostel. Sie ist vielmehr eine dauernde Einrichtung der Kirche und wird mit der Priesterweihe übertragen. Die Bischöfe und Priester stehen in der Nachfolge der Apostel – auch in dem Dienst der Versöhnung. So wie Jesus durch den Apostel Johannes oder den Apostel Thomas den Menschen die Sünden vergeben hat, tut er es auch heute durch den Priester, der in der Kirche im Beichtstuhl sitzt.

Als Geschenk des auferstandenen Herrn ist das Bußsakrament ein wirklich österliches Sakrament, das uns das neue Leben schenkt. Es gibt den Slogan: „Komm mit zur Kirche – jeden Sonntag Ostern feiern!“ Dieser Slogan gilt auch für das Bußsakrament. Die Sünde führt zum Tod – in der Beichte geschieht ein Stück Auferstehung.

Kann ich meine Angelegenheit nicht alleine mit Gott ausmachen? Wozu brauche ich die Kirche?

Hier stoßen wir bereits auf einen wichtigen Aspekt der Beichte – nämlich die Vermittlung durch die Kirche. Viele Christen sagen: Ich kann doch meine Sache so mit Gott abmachen und ihn selbst um Verzeihung bitten. Warum muß ich mich dazu einem Priester offenbaren? Natürlich kann und soll ich in meinem persönlichen Gebet Gott um Verzeihung bitten und in meinem Leben die Bereitschaft zur Umkehr immer wieder bekräftigen und konkret werden lassen. Und tatsächlich ist die Beichte als Sakrament auch nur zwingend notwendig für die schweren Sünden (Todsünden). Die leichteren, läßlichen Sünden können auch außerhalb der Beichte vergeben werden.

Es gilt aber, fünf Punkte zu erwägen. Erstens: Wir haben bereits angedeutet, daß es oft schwierig ist, die Schwere der eigenen Sünden zu beurteilen. Im Zweifelsfall ist also immer die Beichte angesagt! Zweitens: Die Sicherheit, daß Gott unsere Schuld auch wirklich vergibt, habe ich nur im Sakrament der Beichte. Drittens: Der Denkansatz ist hier schon fragwürdig. Es ist ja nicht so, als ob es zwei verschiedene, voneinander unabhängige Wege gäbe („Beichte in der Kirche" und „Gott vergibt mir privat"). Wir dürfen Jesus und die Kirche nicht nebeneinander denken, sondern müssen bedenken, daß die Kirche ja als „fortlebender Christus" (J.A.

Möhler) das Werk Jesu fortsetzt. Jesus handelt durch die Kirche. Jesus handelt durch ihre Sakramente! Das unsichtbare Handeln Gottes wird sichtbar in Zeichen und Worten. Man darf nicht den Fehler machen, die private, persönliche Frömmigkeit und die Sakramente gegeneinander auszuspielen. Mein persönliches Gebet, meine private Bitte um Vergebung im Gebet, meine Bereitschaft zur Umkehr kann das Sakrament nicht ersetzen, sondern ist im Gegenteil erst die Voraussetzung dafür. Viertens: Das Bußsakrament ist – wie alle anderen Sakramente – ein großartiges Geschenk Gottes. Wer sich nur fragt, wie er möglichst billig und auf möglichst angenehme Weise seine Sünden loswerden kann, zeigt eine kleinliche und ärmliche Einstellung, die nicht recht zu diesem großen Geschenk der Versöhnung passen will.

Und schließlich ist die Vorstellung, die Schuld auf eigene Faust bei Gott ins reine bringen zu wollen, auch völlig unbiblisch. Bereits in der Zeit des Alten Bundes konnte man sich nicht „auf der privaten Ebene“ mit Gott aussöhnen; wer Schuld auf sich geladen hatte, war auf das Reinigungsopfer, das „Sündopfer“, angewiesen, das von den alttestamentlichen Priestern dem Herrn dargebracht wurde. Die verschiedenen Opfer des Alten Bundes gehen ein in das Opfer des Neuen Bundes, in den Tod und die Auferstehung Jesu Christi. Sein Opfer am Kreuz schenkt uns die Erlösung, die Vergebung der Schuld. Und als der Auferstandene seinen

Aposteln als erste Frucht der Erlösung die Vollmacht der Sündenvergebung schenkt, zeigt er uns den Weg, auf dem wir Anteil haben können an seinem Erlösungsgeschenk. Wenn ich sage: „Ich mache meine Sache alleine mit Gott aus!", so bedeutet das im Grunde genommen, daß Christus umsonst für mich gestorben ist. Denn dann kann ich ja auch alles andere alleine mit Gott ausmachen: Ich brauche keine Menschwerdung Gottes, kein Leiden und Sterben des Herrn, keine Auferstehung, keine Erlösung durch Christus, keine Kirche und keine Sakramente.

Wer die Versöhnung mit Gott ohne die Beichte will, lehnt die sakramentale Struktur der Kirche ab. Das unsichtbare Heil wird uns in konkreten Zeichen und Gesten geschenkt – auch dann, wenn das konkrete Zeichen mir peinlich ist und – wie bei der Beichte – Überwindung kostet. Die absolute Nähe Gottes erscheint hier manch einem auch unbequem: Viel bequemer wäre es doch, wenn Gott weiter weg wäre, wenn er mir nicht zu nahe tritt und – ähnlich wie ein Opa im Schaukelstuhl vor sich hinnickend – aus der Ferne sagt: Jaja, ist schon gut, vergessen wir's!
Dem Christen aber ist die Nähe Gottes nichts Fremdes. Er ist ja ein Glied am Leib Christi, der Kirche. Ist eine größere Nähe denkbar? Christus beschreibt diese Nähe mit dem Bild des Weinstocks: *„Bleibt in mir, dann bleibe ich in euch. (...)*

Ich bin der Weinstock, ihr seid die Reben.“ (Joh 15,4f.) Als Christ kann ich deshalb nur in und mit der Kirche und ihren Sakramenten, zu denen auch die Beichte gehört, leben.

Das Beichtgericht

Man hat die wichtige Rolle der Kirche immer auch als ein richterliches Geschehen aufgefaßt und sich die Beichte als ein Gericht vorgestellt, dem sich der reumütige Sünder unterwirft. Der Priester, der „Beichtvater“, ist zugleich der Richter, der das Urteil fällt. Wem der Gedanke an das „Beichtgericht“ zunächst negativ und altertümlich erscheint, sollte bedenken, daß hier noch einmal ganz deutlich gemacht wird, welche Sicherheit der Sünder dadurch erhält. Wenn der Priester die Worte sagt: „Ich spreche dich los von deinen Sünden. Im Namen des Vaters und des Sohnes und des Heiligen Geistes“, dann ist das kein frommer Wunsch des netten Pastors. Es ist die wirkliche, autorisierte Versöhnung im Namen der Kirche und im Namen Christi. Die Vergebung bleibt kein unverbindlicher Wunsch – sie wird sozusagen mit Brief und Siegel amtlich ausgestellt. Gültig auf Erden und im Himmel („Was ihr auf Erden lösen werdet …“).
Außerdem wird hier noch einmal deutlich, daß auch die Beichte ausgerichtet ist auf die Ewigkeit. Am Ende meines Lebens steht das Gericht – die Begegnung mit Jesus Christus nach meinem Tod, in der jede Einzelheit meines Lebens ans Licht

kommt: *„Ich sage euch: Über jedes unnütze Wort, das die Menschen reden, werden sie am Tag des Gerichts Rechenschaft ablegen müssen.“* (Mt 12,36) Im Unterschied zu diesem Gericht am Ende meines Lebens steht aber das Urteil des Beichtgerichts immer schon fest: Freispruch! Bischof Rudolf Graber mahnt uns: „Wir werden nicht auf einmal, durch eine einzige Beichte, zu Heiligen. Wir müssen mit uns selbst Geduld haben, wie auch Gott Geduld hat. Aber jede gute Beichte ist ein Schritt nach vorn auf dem Weg zu Gott. Vergessen wir niemals: Was im Gericht der Barmherzigkeit gerichtet wird, kommt nicht mehr vor das Endgericht.“

Zweites Merkmal:
das äußere Zeichen des Bußsakraments

Das äußere Zeichen eines Sakraments besteht immer aus zwei Elementen: einer „Materie“ und einer „Form“. Bei der Beichte sind Materie und Form auf den ersten Blick nicht so leicht zu erkennen wie bei der Taufe (Übergießen mit Wasser und Taufformel: Ich taufe dich im Namen des Vaters …), der Firmung (Salbung mit Chrisamöl und die Worte: Sei besiegelt durch die Gabe Gottes, den Heiligen Geist) oder der Eucharistie (Brot und Wein und die Konsekrationsworte: Das ist mein Leib …). Die Materie des Sakraments besteht hier nicht aus einem Element wie Öl oder Wasser, sondern aus einer sinnenfälligen Handlung, nämlich aus dem, was der Beichtende tut: Er bekennt seine Schuld vor dem Priester, er spricht ein Bekenntnis seiner Sünden. Das, was der Priester tut, ist die Form des Sakramentes. Er nimmt das Schuldbekenntnis entgegen, er spricht die Worte, durch die die Sünden vergeben werden (Absolutionsformel), und er legt dem Beichtenden ein Bußwerk auf. Der Beichtende und der Priester arbeiten zusammen, um das äußere Zeichen des Bußsakraments zu setzen: durch das Bekenntnis und die Lossprechung.

Mit dem Bekenntnis der Sünden sind außerdem verschiedene andere Elemente verbunden, die sich aus dem Wesen eines ehrlichen, offenen Bekenntnisses der eigenen Schuld ergeben: Zunächst ist es erforderlich, daß ich meine Sünden bereue, d.h., daß ich die Sünde auch als solche sehe und einschätze. Dazu gehört auch, daß mir die Sünde leid tut und ich den Vorsatz fasse, sie nicht mehr begehen zu wollen. Das Bekenntnis selbst muß – wenn es denn einen Sinn haben soll – offen, ehrlich und – bezogen auf die schweren Sünden – vollständig sein. Mit der Reue und dem Bekenntnis der Schuld geht dann auch der Wille zur „Genugtuung" einher. Wenn ich Schaden angerichtet habe, soll ich ihn so gut als möglich wiedergutmachen. „Genugtuung" bedeutet, eine „Sühne" für meine Sünden zu leisten. Diese wird auch „Buße" genannt und vom Beichtvater vorgegeben. Sie besteht in der Regel aus Gebeten, die man verrichten soll, kann aber auch darin bestehen, daß man eine Gabe gibt, einen Dienst am Nächsten verrichtet o.ä. Im dritten Kapitel („Praxis“) werden diese Vorraussetzungen für die Beichte eingehend und detailliert behandelt.

Das Beichtgeheimnis

Wenn ich einen Arzt konsultiere oder einen Rechtsanwalt um Beistand bitte, kann ich mich in der Regel darauf verlassen, daß sie mein Anliegen vertraulich behandeln. Sie unterstehen einer Schweigepflicht, die mich schützen soll. Eine ähnliche Schweigepflicht gibt es auch für den Priester, der die Beichte entgegennimmt. Man nennt sie das „Beichtsiegel“ oder „Beichtgeheimnis“. Der Unterschied zur Schweigepflicht eines Arztes oder Rechtsanwalts besteht darin, daß das Beichtgeheimnis eine umfassende, bombensichere Garantie bedeutet: Um keinen Preis der Welt, unter keinen Umständen darf es gebrochen werden, und der Priester ist unter strengsten Strafen zu absolutem Stillschweigen verpflichtet und darf in keiner Weise auf Kenntnisse Bezug nehmen, die er über das Leben des Pönitenten aus der Beichte gewonnen hat. Selbst wenn ein Priester in der Beichte von einem geplanten Verbrechen erfährt, darf er dieses Wissen nicht verwenden. Selbst wenn Menschenleben auf dem Spiel stehen: Das Beichtgeheimnis gilt immer und total; es gibt keine einzige Ausnahme. Die Verpflichtung, das Beichtgeheimnis zu wahren, gilt auch für alle anderen, die von einer Beichte Kenntnis erlangen. Dies kann geschehen, wenn ich mich in der Kirche in der Nähe des Beichtstuhls aufhalte und durch Zufall etwas mithören muß. Natürlich sollte ich mich in einem solchen Fall schnell entfernen. Es ist aber auch möglich, die Beichte – wenn es in der Situation keine andere Möglichkeit gibt – mit Hilfe eines Dolmetschers abzulegen, der dann ebenfalls zur Wahrung des Beichtgeheimnisses verpflichtet ist.

Drittes Merkmal:
die innere Gnade des Bußsakraments

Das dritte Merkmal eines Sakraments ist die innere Gnade oder Wirkung. Alle Sakramente schenken uns Heil und Erlösung, Anteil am göttlichen Leben – die heiligmachende Gnade. Aber neben dieser „allgemeinen“ Gabe enthält auch das Bußsakrament eine besondere, spezielle Gnade und Wirkung.

Die erste Wirkung der Beichte ist die Vergebung der Sünden und die Versöhnung mit Gott. Die Folgen der Sünde werden geheilt: Die verletzte oder gar gebrochene Beziehung zu Gott wird wiederhergestellt, uns wird von neuem die Freundschaft mit Gott geschenkt. Unsere Gottesbeziehung gerät wieder in die richtige „Balance“, und wir erhalten von neuem die Kraft, den manchmal schweren und anstrengenden Weg der Christusnachfolge zu beschreiten.

Die zweite Wirkung der Beichte besteht darin, daß wir auch mit der Kirche wieder versöhnt werden.

Seit unserer Taufe hängen wir ja mit der Gemeinschaft der Kirche wie die Glieder mit einem Leib zusammen. Alles Gute meines persönlichen Lebens hat gute Auswirkungen auf die ganze Kirche; genauso wie meine Sünde negative Auswirkungen auf die ganze Kirche hat. Durch meine Sünde wird die Gemeinschaft der Kirche beeinträchtigt. Ich kann mich durch die Sünde auch ganz von dieser Gemeinschaft entfernen wollen. Diese gemeinschaftsschädigenden Folgen der Sünde werden durch die Beichte geheilt. Auch als Glied der Kirche gerate ich so wieder in die richtige Balance.
Und schließlich kann man noch von einer dritten Wirkung der Beichte sprechen: „Bei denen, die das Bußsakrament reuevoll und fromm empfangen, können Friede und Heiterkeit des Gewissens, verbunden mit starker Tröstung des Geistes, folgen", so lehrt das Konzil von Trient (KKK 1468). Das gute, erleichterte Gefühl, das gerade Kinder so oft nach der Beichte empfinden, kann auch uns geschenkt werden. Allerdings müssen wir gerade hier sehr vorsichtig sein! Es wird manchmal oder sogar oft der Fall sein, daß sich ein solches schönes Gefühl nach der Beichte gar nicht oder nicht so, wie wir es erwartet haben, einstellt. Das bedeutet nicht, daß die Beichte schlecht, ungenügend oder ungültig war. Wie immer in unserem Glaubensleben dürfen wir die Gefühle nicht zum Maßstab aller Dinge machen: Die wichtigste Wirkung der Beichte ist nicht das schöne Gefühl, sondern die Gewißheit,

wieder in der Freundschaft Gottes zu leben und die Vergebung der Schuld empfangen zu haben. Wenn sich das Gefühl von Friede, Trost, Heiterkeit oder Euphorie einstellt, dann ist das ein schönes Geschenk Gottes und mag uns zu guten Vorsätzen beflügeln. Wir sollten aber nicht zweifeln oder traurig sein, wenn wir ganz nüchtern und ohne besonders wohlige Emotionen den Beichtstuhl verlassen. Vielleicht macht man auch manchmal eine schlechte Erfahrung bei der Beichte. Es soll vorkommen, daß Beichtväter unfreundlich sind und die Pönitenten anranzen oder beschimpfen. In solchen Fällen ist es hilfreich, daran zu denken, daß Jesus auch mit schlechten Werkzeugen Großartiges vollbringen kann und die Laune des Priesters nicht die Vergebung beeinflussen kann, die Gott schenkt. Und für die nächste Beichte kann man sich ja einen anderen Beichtvater suchen.

Die Wirkung der Beichte auf die Folgen der Sünde

Es ist eine Binsenweisheit, die aber überraschend oft übersehen wird: Durch die Beichte werden nicht immer alle Folgen der Sünde rückgängig gemacht. Die Sünde betrifft ja gleichzeitig verschiedene Ebenen: mein Verhältnis zu Gott und zur Kirche ebenso wie mein Verhältnis zu meinen Mitmenschen oder auch zu materiellen Dingen, die durch meine Sünde in Mitleidenschaft geraten sind. Entsprechend gibt es auch verschiedene Ebenen der Folgen der Sünde: Wir unterscheiden die

„ewige“ Sündenfolge von der „zeitlichen“ Sündenfolge. Die „ewige“ Folge der Sünde – das ewige Getrenntsein von Gott – wird durch die Beichte rückgängig gemacht. Die „zeitlichen“ Folgen der Sünde aber können zumindest teilweise bestehenbleiben. Lapidar gesagt: Die Scheibe, die ich mit dem Fußball zerschossen habe, repariert sich durch meine Beichte nicht von alleine. Die Kränkung, die ich einem Menschen zugefügt habe, wird durch meine Beichte nicht ungeschehen gemacht. Und auch wenn Gott mir die Sünde verzeiht – mein gekränkter Mitmensch verzeiht mir vielleicht nicht so leicht! Mein Jähzorn, den ich als „liebenswerte Charakterschwäche“ jahrelang gehätschelt und gepflegt habe, verschwindet durch die Beichte nicht von heute auf morgen.
Wenn mich die Beichte auch wieder „in Balance“, ins rechte Verhältnis zu Gott und zur Kirche bringt, – manche der zeitlichen Sündenfolgen bleiben bestehen. Und so ist mit der Beichte für mich auch der Auftrag verbunden, diese Folgen auszuräumen, so gut es mir möglich ist. Jetzt und hier kann ich versuchen, meine Sündenfolgen auf verschiedene Weise aufzuarbeiten, z.B. indem ich mich um praktische Wiedergutmachung bemühe; indem ich bete; indem ich versuche, Fehlhaltungen und Charakterschwächen mit der Hilfe Gottes nach und nach zu korrigieren; indem ich mir zugefügtes Unrecht ertrage; indem ich eine Krankheit geduldig annehme usw. In diesen Zusammenhang gehört

auch der „Ablaß“, der im Anhang ausführlich erklärt wird.

Die kirchlichen Bestimmungen zur Beichte

Die Beichte ist verpflichtend für alle schweren Sünden, die nach der Taufe begangen werden. Sie müssen nach ihrer Art, Zahl und den Umständen, unter denen sie begangen wurden, im Bekenntnis offengelegt werden. Wenigstens einmal im Jahr, zur österlichen Zeit, soll man die schweren Sünden beichten. Wer sich bewußt ist, eine Todsünde begangen zu haben, darf die Kommunion nicht empfangen, bevor er die sakramentale Absolution erhalten hat – außer es liegt ein schwerwiegender Grund, wie z.B. Lebensgefahr, vor. Aber auch dann muß die feste Absicht bestehen, die Todsünde so bald als möglich zu beichten. Es ist vorgeschrieben, daß Kinder zur Beichte gehen müssen, bevor sie zum ersten Mal die heilige Kommunion empfangen. (CIC, can. 914)

Alle leichteren, läßlichen Sünden unterliegen nicht notwendig der Beichtpflicht. Wir verstehen diese Unterscheidung, wenn wir uns bewußt machen, in welcher Weise die Sünde unser Verhältnis zu Gott beschädigt: Die schwere Sünde bedeutet ja die totale Absage an die Liebe Gottes. Der Sünder kehrt Gott den Rücken zu – und er kann aus eigener Kraft nicht mehr zurückkehren. Der einzige Weg, der ihm offensteht, ist der Weg des Sakraments.

Gott geht im Bußsakrament auf den Sünder zu und heilt den Bruch in der Beziehung. Die leichteren, läßlichen Sünden zerstören die Beziehung zu Gott nicht vollkommen, sondern beeinträchtigen sie nur. Aber weil der Sünder in diesem Fall noch in der Lebensgemeinschaft mit Gott steht, kann er auch durch sein Gebet (man beachte die Vaterunser-Bitte: „Und vergib uns unsere Schuld …“), seine freiwilligen Opfer, durch Werke der Nächstenliebe, den würdigen Empfang der heiligen Kommunion und durch seine Bereitschaft, die Haltung der Buße im täglichen Leben konkret werden zu lassen, Verzeihung und Heilung finden.
Diese Differenzierung der Beichtpflicht ist auch ein Erbe der frühen Kirche, in der das Bußsakrament eine andere, äußere Gestalt hatte. Wir werden im nächsten Kapitel näher darauf eingehen.

Natürlich ist das Bekenntnis der läßlichen, leichteren Sünden nicht verboten – im Gegenteil: Die Kirche lädt jeden Christen ein, auch für die läßlichen Sünden im Sakrament der Beichte Vergebung zu finden. Wir müssen bedenken, daß die „Pflicht“, die uns die Kirche auferlegt, immer nur die absolute Minimalanforderung festlegt. Dies gilt für alle Sakramente. So gebietet die Kirche auch jedem Christen, wenigstens einmal im Jahr – und zwar möglichst zur österlichen Zeit – die heilige Kommunion zu empfangen. Wohlverstanden: Hier ist nicht die „Sonntagspflicht“ gemeint, also die Ver-

pflichtung zum Besuch der heiligen Messe an Sonn- und Feiertagen. Diese bleibt natürlich bestehen. Ich muß aber nicht in jeder Messe die Kommunion empfangen. Manchmal, z.B. wenn ich nicht gut vorbereitet bin, kann es sinnvoller sein, bewußt auf die Kommunion zu verzichten. Der Empfang der Kommunion ist ebenso wie die Beichte der schweren Sünden nur einmal im Jahr Pflicht.
Für uns ist der Kommunionempfang in der Meßfeier aber nicht die Ausnahme (wie für Generationen vor uns), sondern die Regel. Entsprechend sollte auch die Beichte für uns zur Regel werden. Ein guter Grundsatz heißt: Wer regelmäßig zur Kommunion geht, sollte auch regelmäßig beichten.

4. Als die Iren die Beichte erfanden – eine kurze Geschichte des Bußsakraments

Kein anderes Sakrament hat seine äußere Gestalt im Laufe der Zeit so sehr verändert wie die Beichte.[7] Am Anfang dieser spannenden Entwicklung steht eine Form der Beichte, die sich ganz wesentlich von unserer heutigen Beichte unterscheidet. Von der apostolischen Zeit bis ungefähr zum 6. Jahrhundert ist diese erste Form des Bußsakraments nicht nur dadurch gekennzeichnet, daß man es in der Regel nur einmal im Leben empfangen hat, sondern auch dadurch, daß die Folge der schweren Sünde – die freiwillige und absolute Trennung von Gott und der Kirche – auch äußerlich sichtbar wurde: Der Sünder, der um seine Schuld weiß und sie bereut, zieht die nötigen Konsequenzen. Er muß sich zunächst selbst verurteilen, bevor er Befreiung von seiner Schuld erlangen kann. Diese Selbstverurteilung besteht darin, daß er nicht mehr das Sakrament des Altares, die heilige Kommunion, empfängt. Gerade die Kommunion setzt ja als Vereinigung des sakramental gegenwärtigen Herrn mit dem Menschen die Gemeinschaft voraus, die durch die schwere Sünde gebrochen wurde. Die Kirche nimmt diese freiwillige Absonderung des Sünders („Exkommunikation“) an und sondert den Sünder mehr oder weniger deutlich von der übrigen Gemeinde ab: Er ist nun im Stand der Büßer, und zwar so lange, bis er die ihm auferlegte Buße mit der Hilfe und Unterstützung der Gemeinde vollbracht hat. Wenn auch das eigentliche Sündenbekenntnis nicht öffentlich erfolgen mußte, so war doch die Buße öffentlich. Der Büßer mußte über einen der Sünde angemessenen Zeitraum und mit ebenso angemessener Intensität Almosen geben, fasten und beten. Zudem mußte er – und dies wird am unangenehmsten gewesen sein – am Eingang des Raumes, in dem die Eucharistie gefeiert wurde (eigentliche Kirchen gab es in den ersten 3 Jahrhunderten noch nicht), die Eintretenden um ihr Gebet bitten. Diese Zeit der Buße wurde als Heilmittel betrachtet – die Gemeinde begleitete die Büßer im Gebet. Am Ende der Bußzeit wurde der Sünder durch einen offiziellen Akt der Kirche wieder mit Gott und der Kirche versöhnt und wieder in die Gemeinde aufgenommen.

Sünden, die auf diese Weise bußpflichtig waren, sind z.B. Glaubensabfall, Ehebruch oder Mord. Die „Didaskalie", eine syrische Quelle (um 230), nennt aber außerdem unter anderen: Streit, üble Nachrede, schlechte Behandlung der Sklaven, Beleidigungen, sexuelle Vergehen, Wucher, Diebstahl, Weinpanschen oder das Fernbleiben vom Gottesdienst. Auch im Neuen Testament werden Sünden bezeichnet, die den Menschen aus dem Reich Gottes ausschließen, so z.B. Unzucht, Habgier, Götzenverehrung, Lästerungen, Trunksucht oder schwerer Diebstahl. (1 Kor 5,11, vgl. auch Gal 5,19ff.; 2 Thess 3,11; Offb 22,15, Apg 5,1ff.)

In dieser Zeit konnte man also nicht „mal eben beichten gehen". Das Bußsakrament war eine langwierige und mühsame Angelegenheit, die man außerdem nur einmal im Leben auf sich nehmen konnte. So ist es nicht verwunderlich, daß diese offizielle („kanonische") Buße in der Regel nur von einer kleinen Minderheit geübt wurde und man sie möglichst am Ende des Lebens verrichten wollte. So wurde sie mehr und mehr zu einer Vorbereitung auf den eigenen Tod und glich eher einem Eintritt ins Kloster – zumal auch nach der Bußzeit weiterhin schwere Verpflichtungen blieben, die verhindern sollten, daß man nach der geleisteten Buße erneut in schwere Sünden fiel. Solche Verpflichtungen bestanden z.B. in der Auflage, völlig enthaltsam zu leben; in dem Verbot, Waffen zu tragen oder Handel zu treiben. Aus diesen Gründen war es in manchen Gegenden verboten, junge Leute zur Buße zuzulassen, und mancherorts durfte die Buße nur mit Erlaubnis des Ehegatten angegangen werden.

Während die frühkirchliche Exkommunikationsbuße also immer mehr zu einer Spezialität einer Minderheit wurde, entwickelten sich neue, nichtöffentliche Formen der Buße für diejenigen, die die kanonische Buße noch nicht oder nicht mehr empfangen konnten. Persönliche Bußübungen, wie Fasten, Almosen und Gebet, halfen, den Geist der Umkehr und Buße im eigenen Leben zu konkretisieren. Mancherorts findet sich auch das Sündenbekenntnis vor einem Priester als eine solche Bußübung, jedoch nicht als sakramentale Beichte. Vor allem in den Klöstern entwickelte sich eine besondere Form der Beichte: das private Bekenntnis der Sünden vor einem frommen, ausgezeichneten Christen, der als geistlicher Vater und Lehrer fungierte und auch nicht unbedingt ein Priester sein mußte. Auch diese Übung wurde noch nicht als sakramentale Beichte verstanden.

Das Bild der Beicht- und Bußpraxis in dieser Epoche ist sehr verworren. Es gab keine einheitlichen Vorschriften und oftmals sehr verschiedene Regelungen und Ausnahmen. Es ist leicht verständlich, daß diese Situation für die Seelsorge sehr nachteilig war.

Seit dem 7. Jahrhundert begannen keltische Mönche aus Irland und England, weite Teile des europäischen Kontinents zu missionieren. Während weite Teile des Römischen Reiches in den Wirren der Völkerwanderung untergegangen waren, die geistigen Errungenschaften der Antike verblaßten und vergessen wurden und Lehre, Wissenschaft und Kultur beinahe vollständig vom europäischen Kontinent verschwunden waren, hatte sich die Kirche in Irland abgesondert und ungestört entwickeln können. Die irischen Mönche brachten uns nicht nur die Schätze der westlichen lateinischen und jüdisch-christlichen Literatur, die ihre Schreiber kopierten, so wie sie ihrer habhaft werden konnten. Sie brachten auch eine neue Erfindung der keltischen Kirche mit: die Privatbeichte. In Irland war die strenge Form der öffentlichen, kanonischen Buße nie besonders ausgeprägt. Alle wichtigen Elemente des Bußsakraments waren aber in dieser neuen, privaten Form enthalten. Der entscheidende Unterschied lag darin, daß sie immer wieder empfangen werden konnte und daß nicht mehr die ganze Gemeinde und der Bischof eingeschaltet wurden. Es genügte, das Sündenbekenntnis vor einem Priester abzulegen. Er war es, der den Pönitenten nach vollbrachter Buße wieder zur Eucharistie zuließ. Die Bußwerke sind zunächst noch sehr streng und gleichen denen der öffentlichen, kanonischen Buße. Mehr und mehr aber setzte sich die Gewohnheit durch, die Zulassung zur Eucharistie zu gestatten, bevor die Bußzeit beendet war.

Der Einfluß der irischen Mönche auf dem europäischen Festland war nicht überall gleich. Mancherorts, z.B. im heutigen Frankreich, wurde die neue Praxis ohne Schwierigkeiten übernommen. Andernorts, z.B. in Spanien, gab es starken Widerstand. Auch in den folgenden Jahrhunderten konnte sich noch keine allgemein geregelte kirchliche Beichtpraxis durchsetzen. Erst seit dem 12. Jahrhundert wurden das Wesen und die Form der Beichte von der theologischen Forschung systematisch durchdacht, vereinheitlicht und auch kirchenrechtlich gefaßt. Seit dieser Zeit hat das Bußsakrament allmählich eine Form angenommen, die auch heute noch in der uns bekannten Gestalt der Beichte fortlebt.

Ein öffentlicher Büßer aus dem Jahr 250 würde sich wohl wundern, wenn er sehen könnte, wie Christen heute die Kirche betreten, beten und dann für kurze Zeit im Beichtstuhl verschwinden, um anschließend nach einem Dankgebet die Kirche wieder zu verlassen. Doch so unterschiedlich die äußere Form auch ist, das Wesentliche ist immer gleich geblieben: Die sakramentale Beichte ist ein Geschehen, in dem Gott, die Kirche und der Sünder zur Vergebung der Schuld zusammenwirken. Die Versöhnung mit Gott ist das Ergebnis der Bußhandlung, die der Sünder mit der Hilfe Gottes durch die Kirche vollbringt.

Kapitel III

Praxis

Im ersten Hauptteil dieses Buches ging es um das Geheimnis und das Wesen der Sünde und um das Wesen des Sakraments der Beichte. Nun wird es konkret. Mit dem notwendigen theoretischen Hintergrund gehen wir nun der ganz praktischen Frage nach, wie man das Sakrament der Beichte empfängt. Ganz bewußt orientiert sich dieser praktische Teil an einer klassischen katechetischen Hilfe, mit der bereits Kinder die einzelnen Schritte der Beichte lernen: an den fünf „B" – **B**esinnen, **B**ereuen, **B**ekennen, **B**üßen, **B**essern.

Die konkreten Überlegungen zur Beichtpraxis werden in ihren einzelnen Schritten jeweils durch einen kurzen Text aus dem Evangelium eingeleitet. Im berühmten Gleichnis vom verlorenen Sohn und dem barmherzigen Vater (Lk 15,11–32), in der Erzählung der Bekehrung des Zöllners Zachäus (Lk 19,1–10), in der Begegnung Jesu mit der Ehebrecherin (Joh 7,53–8,11) und im Beispiel vom Pharisäer und Zöllner (Lk 18,9–14) erfahren wir, wie Jesus ganz konkret mit Sündern umgeht, wie er über Sünde, Umkehr und Bekehrung denkt, und wir sehen, wie er Gott als den barmherzigen Vater offenbart. Wer über Beichte, Sünde und Umkehr nachdenkt, findet in diesen Abschnitten des Evangeliums eine Betrachtungsgrundlage, die immer neue Impulse und Perspektiven eröffnet und die uns auch hier als Anknüpfungspunkt dienen soll.[8] Eine schöne Hinführung zum Grundgedanken der Beichte ist die Legende vom heiligen Hieronymus:

Die Legende vom heiligen Hieronymus in der Wüste

Als der heilige Hieronymus als junger Mann versucht, in der syrischen Wüste als Eremit zu leben, schlägt sein Versuch fehl, und er fällt in schwere Depressionen. „Als er auf dem Tiefpunkt der Niedergeschlagenheit angekommen war, soll ihm der Gekreuzigte erschienen sein. Hieronymus fiel sofort auf seine Knie und schlug sich mit einer gewaltigen Geste an die Brust. Jesus lächelte ihn vom Kreuz aus gütig an und fragte ihn: ‚Hieronymus, was schenkst du mir?' Hieronymus war überglücklich, und wie aus der Pistole geschossen kam seine Antwort: ‚Alles Herr, vor allem die Einsamkeit in der Wüste, die mir so hart zusetzt.' Der Herr dankte ihm freundlich und fragte nochmals: ‚Und was hast du mir noch anzubieten, Hieronymus?' Ohne sich erst besinnen zu müssen, antwortete er: ‚Mein Fasten, meinen Hunger und Durst', und er fügte noch hinzu, daß er vor Sonnenuntergang nichts zu sich nähme. Der Gekreuzigte drückte wiederum seinen Dank und sein Mitgefühl aus, hatte er selbst ja einige Erfahrungen mit dem Fasten in der Wüste. Doch er fragte weiter: ‚Was gibst du mir noch?' Hieronymus blieb die Antwort niemals schuldig, zuweilen wurde er sogar ein wenig redselig: seine Nachtwachen, das Psalmengebet, die Schriftlesung. Jedesmal dankte der Gekreuzigte mit einem Lächeln, hörte aber nicht auf, seine Bitte zu wiederholen. Hieronymus brachte es fertig, immer neue Antworten zu finden: ‚Den Zölibat, den ich, so gut ich kann, lebe; den Mangel an Bequemlichkeit an diesem öden Ort, die Hitze des Tages und die Kälte der Nacht.' Doch schließlich kam er ans Ende seiner Weisheit und streckte die Waffen, aufs äußerste frustriert, weil der Herr immer noch nicht zufrieden war mit einer solch eindrucksvollen Liste seiner heroischen Opfer. Dann aber wurde es sehr still in der Klause und in der ganzen Wüste von Chalcis, als Jesus voll Liebe auf Hieronymus schaute und sagte: ‚Eines hast du vergessen, Hieronymus; gib mir auch deine Sünden, damit ich sie vergebe.'"[9]

1. Sünde

Dort führte er ein zügelloses Leben und verschleuderte sein Vermögen.

Weiter sagte Jesus: Ein Mann hatte zwei Söhne. Der jüngere von ihnen sagte zu seinem Vater: Vater, gib mir das Erbteil, das mir zusteht. Da teilte der Vater das Vermögen auf. Nach wenigen Tagen packte der jüngere Sohn alles zusammen und zog in ein fernes Land. Dort führte er ein zügelloses Leben und verschleuderte sein Vermögen. Als er alles durchgebracht hatte, kam eine große Hungersnot über das Land, und es ging ihm sehr schlecht. Da ging er zu einem Bürger des Landes und drängte sich ihm auf; der schickte ihn aufs Feld zum Schweinehüten. Er hätte gern seinen Hunger mit den Futterschoten gestillt, die die Schweine fraßen; aber niemand gab ihm davon. (Lk 15,11–16)

Das Gleichnis vom verlorenen Sohn verkündet die frohe Botschaft der barmherzigen Liebe Gottes zum sündigen Menschen auf eindrucksvolle Weise. Man hat es deshalb auch als „Evangelium im Evangelium" bezeichnet. Im barmherzigen Vater erkennen wir Gott, im verlorenen Sohn den sündigen Menschen.

Jesus erzählt von einem reichen Bauern, der viele Tagelöhner hat. Der jüngere Sohn bittet seinen Vater, ihm sein Erbteil auszuzahlen. Er möchte selbstständig sein, auf eigenen Füßen stehen. Der Vater erfüllt ihm seinen Wunsch nach Mündigkeit. Dem jüngeren Sohn wird das Leben im väterlichen Haus zur Last, er entflieht seiner Ordnung, seiner Sicherheit, packt nach wenigen Tagen alles zusammen und geht ins Ausland.
Die Schuld des Sohnes besteht nicht in dem Wunsch, selbstständig zu sein. Der Vater gibt ihm die Freiheit, die er braucht und haben will – auch wenn es ein Wagnis bedeutet. Auch uns schenkt

Gott die Freiheit – die Freiheit zur Liebe. Und Gott läßt es zu, wenn wir unsere Freiheit mißbrauchen. Und genau darin besteht die Schuld des Sohnes: Er mißbraucht seine Freiheit, er verschleudert und verschwendet sein Vermögen, und als er nichts mehr hat, sucht er Zuflucht bei Heiden und hütet Schweine, Tiere, die nach jüdischem Verständnis unrein sind. Den Zuhörern Jesu war klar: Wer so handelt, übertritt die Gebote Gottes, er verliert seinen Glauben – tiefer kann man nicht mehr fallen.
Das Beispiel des verlorenen Sohnes gibt uns bereits viele Anhaltspunkte für die Betrachtung unseres eigenen Lebens:
Wie gehe ich mit den Gaben Gottes um: mit meinen Talenten, Fähigkeiten und Fertigkeiten, mit der mir geschenkten Zeit, mit der mir geschenkten Freiheit? Wonach richte ich mein ganzes Leben aus? An welchen Werten orientiere ich mich, welche Ziele habe ich mir gesteckt? Welchen Stellenwert hat Gott in meinem Alltag? Ist mein Leben auf ihn ausgerichtet? Ist er wirklich das Allererste, das große, endgültige Ziel meines Lebens? Ist mein Leben so in Balance – mein Verhältnis zu Gott, mein Verhältnis zu anderen Menschen, mein Verhältnis zu den geschaffenen Dingen? Die Sünde ist tückisch, sie gibt sich oft nicht offen zu erkennen. Wie der verlorene Sohn wollen auch wir oft Dinge, die sich uns als ein Gut, als etwas Erstrebenswertes darstellen: Unabhängigkeit, Selbstständigkeit, Freundschaft, Liebe, Genuß der schönen Sei-

ten des Lebens. Ist meine Hinwendung zu solchen Gütern geordnet oder ungeordnet? Führt sie mich näher zu Gott oder entfernt sie mich immer weiter von ihm?

Der verlorene Sohn erlebt, wie die Sünde immer weiter wächst. Seine Freiheit wird kleiner, nicht größer. Er wählt falsche Ziele und wird immer wieder enttäuscht. Am Ende steht er mit leeren Händen da und muß froh sein, als Schweinehirt unterzukommen.

Sünde raubt uns die Freiheit zum Guten. Wir können uns fragen: Welche verkehrten, falschen Haltungen, Denkarten, Charakterfehler, Lebensgewohnheiten haben sich eingeschlichen und können nicht einfach von heute auf morgen abgelegt werden? Wo bin ich unfrei in meinem Leben? Wo brauche ich Gottes Hilfe, um frei zu sein für ihn und seine Liebe? Welche Beziehungen führen mich weg von Gott? Welche tragen mich, wenn es mir schlecht geht? Wo werde ich ausgenutzt – wo nutze ich andere aus?

Am Ende steht der Sohn vor dem Nichts – er hat die Gemeinschaft des Vaterhauses gegen die Einsamkeit des Schweinestalls eingetauscht. Durch die Sünde verlieren wir die Gemeinschaft mit Gott, die Teilhabe an seinem Leben. Wir spüren diese Folge der Sünde nicht so unmittelbar körperlich wie der hungrige, einsame Sohn. Aber dennoch ist sie vorhanden. Es mag uns äußerlich gut gehen: Wir sind gesund, reich, haben ein erfülltes Leben. Doch wir sind keine Kinder Gottes mehr, das übernatürliche Leben hat uns verlassen, unsere Seele ist tot – und wenn wir so sterben, dann werden wir tot sein in Ewigkeit.

Eine andere Eigenart der Sünde besteht darin, daß sie uns dazu bringt, vor Gott zu fliehen. Das war schon bei Adam und Eva so. Als sie Gott kommen hören, haben sie Angst und verstecken sich. (Gen 3,8f.) Eine Versuchung des Sünders besteht darin, sich von Gott fernhalten zu wollen. Gebet? Beichte? Messe? – Das ist doch etwas für die Superfrommen, nein danke, so ein Heuchler bin ich nicht! So in etwa denkt man und will lieber in einem „sicheren“ Abstand zu Gott leben. Aber gerade der Sünder muß diesen Impuls bekämpfen. Nicht weg von Gott – hin zu Gott! Das muß unsere Bewegung sein. Wir dürfen nicht sagen: Als Sünder habe ich sowieso nichts in der Nähe Gottes verloren! Wir müssen sagen: Gerade als Sünder habe ich die Nähe Gottes nötig!
Entsprechend können wir die Wirkungen der Beichte erfahren: Anstelle des Impulses zur Flucht schenkt sie uns Freude an Gott, statt Selbstherrlichkeit schenkt sie uns die Liebe zu Gott und zum Nächsten und anstelle von Angst schenkt sie uns das Wissen, daß wir in Gottes Hand geborgen sind.

2. Besinnen

Da ging er in sich.

Da ging er in sich und sagte: Wie viele Tagelöhner meines Vaters haben mehr als genug zu essen, und ich komme hier vor Hunger um. (Lk 15,17)

Am Anfang der Umkehr steht die Besinnung. Sie ist der erste Schritt der Beichte. Der verlorene Sohn kommt an den Punkt, wo eine nüchterne, realistische Bestandsaufnahme angebracht scheint – er droht zu verhungern, während zu Hause die Knechte seines Vaters genug zu essen haben. Auch unsere Besinnung vor der Beichte soll eine realistische, nüchterne Bestandsaufnahme sein: Ich soll versuchen, mich so zu sehen, wie ich in Wahrheit und in Wirklichkeit bin. Es geht nicht darum, wie ich gerne sein möchte, welches Bild ich bestrebt bin, anderen zu vermitteln. Ich soll versuchen, mich selbst so zu sehen, wie Gott mich sieht. Ein ehrlicher, ungeschönter Blick auf mich selbst ist verlangt.

Das Gewissen

In seinen Gedanken über Langeweile und Zerstreuung hat Blaise Pascal einmal geschrieben, daß alles Unglück der Menschen von einem Einzigen herkommt: daß sie es nämlich nicht verstehen, in Ruhe in einem Zimmer zu bleiben.[10] Und wirklich: Es ist gar nicht so einfach, einmal fünf oder gar zehn Minuten ruhig in einem Sessel zu sitzen, nichts zu tun und sich durch nichts ablenken zu lassen. Wer aber „in sich gehen“ will, der muß zunächst versuchen, einen Ort und einen Moment der Stille für sich zu schaffen. Dabei geht es nicht darum, nach Art einer fernöstlichen Meditationsform in einem Nichts zu versinken, im Gegenteil: Es geht darum, sich dem zu stellen, was die Kirche als „verborgensten Kern und Heiligtum des Menschen“ beschreibt, als „inneres Gesetz“, das Gott in das Herz des Menschen geschrieben hat. Diese „Stimme Gottes“, die jeder Mensch in seinem Innersten vernehmen kann, ist das Gewissen. Jeder von uns kennt das Gefühl, ein schlechtes oder gutes Gewissen zu haben. Das Gewissen aber ist mehr als ein Gefühl – es ist ein Urteil unserer Vernunft, das uns zeigt, ob eine konkrete Handlung gut oder schlecht ist, und das uns auffordert, das Gute zu tun und das Böse zu unterlassen. Das schlechte Gewissen bezeugt die Wahrheit, wenn ich mich in einer konkreten Tat falsch entschieden habe. So hilft es mir, gut und böse nicht zu vertauschen. Es verhilft mir zu der Einstellung: „Ich sehe ein, diese Handlung war schlecht, weil ich weiß, was eigentlich richtig und wahr ist.“ Auf diese Weise kann ich Verantwortung für meine Handlungen übernehmen, und zugleich ist das schlechte Gewissen bereits der erste Appell an mich, um Vergebung zu bitten.

Das Urteil des Gewissens ist für den Menschen bindend. Er ist verpflichtet, seinem Gewissen zu folgen (selbst dann, wenn das Gewissensurteil objektiv falsch ist) und darf nicht gezwungen werden, gegen sein Gewissen zu handeln. Aber leider ist die Stimme des Gewissens für uns nicht immer klar und deutlich zu vernehmen. Denn es kommt sehr darauf an, wie ich mein Gewissen gebildet habe. Wer sich nie um sein Gewissen kümmert, wer dessen Urteile nicht achtet, wer es nicht „hegt und pflegt", also ausbildet und weiterbildet, dessen Gewissen stumpft ab. Das abgestumpfte Gewissen urteilt träge und ist nur noch schwer zu verstehen. Wer aber sein Gewissen gut behandelt und pflegt, der wird entdecken, daß es wie ein hochpräzises Instrument funktioniert, das wach und sensibel urteilt und auch in Kleinigkeiten gut und böse zu unterscheiden vermag. Und wir tragen auch die Verantwortung dafür, daß unser Gewissen gut ausgebildet ist, damit wir es in der rechten Weise nutzen können.
Es reicht also nicht aus, zu sagen: „Okay, ich muß meinem Gewissensurteil folgen – selbst dann, wenn es objektiv gesehen irrt. Ich kann leider nichts dafür!" Das ist eine schwache Entschuldigung, denn schließlich bin ich auch dafür verantwortlich, daß es richtig ausgebildet und sensibilisiert ist. Objektive Maßstäbe der Gewissensbildung sind die 10 Gebote und das Evangelium sowie die Autorität und Lehre der Kirche. Ganz konkret gibt

uns der Katechismus folgende Grundregeln mit (KKK 1789):

• Es ist nie erlaubt, Böses zu tun, damit daraus etwas Gutes hervorgehe.

• Die „Goldene Regel“: *„Alles, was ihr also von anderen erwartet, das tut auch ihnen.“* (Mt 7,12)

• Die christliche Liebe achtet immer den Nächsten und sein Gewissen: *„Es ist nicht gut ..., etwas zu tun, wenn dein Bruder daran Anstoß nimmt.“* (Röm 14,21)

Am Anfang steht ein Gebet

Es ist gut, wenn man die Besinnung mit einem Gebet beginnt und den Herrn um die rechte Erkenntnis bittet. Hier gibt es eine Vielzahl von Möglichkeiten. Ich kann einen Psalm wählen (z.B. Psalm 51: *„Gott, sei mir gnädig nach deiner Huld ...“*), ein Gebet aus dem „Gotteslob“ (drei Gebete zur Vorbereitung findet man unter Nr. 59, 1–3) oder ein Gebet um das Kommen des Heiligen Geistes sprechen (z.B. im „Gotteslob“ Nr. 241: „Komm, Heilger Geist, der Leben schafft …“ oder Nr. 244: „Komm herab, o Heilger Geist …“). Ich kann auch ein Gebet frei formulieren oder eines der folgenden Gebete verwenden:

Gott, allmächtiger Vater, Du bist der Herr über mein Leben. Nichts ist vor Dir verborgen, und jedes Herz liegt offen vor Dir. Vor Deinem

Angesicht will ich mein Leben prüfen. Läutere durch die Eingießung des Heiligen Geistes die Gedanken meines Herzens, auf daß ich die Gnade erlange, Dich vollkommen zu lieben und gebührend zu loben.
Jesus, mein Herr und Heiland, Du kennst all meine Gedanken, meine Worte und meine Werke. Hilf mir, so zu werden wie Du! Bilde mein Herz nach Deinem Herzen! Lenke meinen störrischen Willen zum Guten!
Heiliger Geist, erleuchte mich, Deine Gnade stärke mich! Bewege mein Herz, damit ich meine Sünden recht erkenne, sie aufrichtig bekenne und mich wahrhaft bessere!
Gott, du stößt niemanden zurück, sondern läßt Dich in liebevollem Erbarmen auch vom größten Sünder durch Buße versöhnen; blicke gnädig auf mein demütiges Flehen und erleuchte mein Herz, auf daß ich meine Fehler erkenne und recht bekenne und so Deine Gnade erlange. Amen.[11]

Vater im Himmel! Durch diese Beichte will ich wieder heimfinden zu Dir. Ich will Dir immer näherkommen. Wie der verlorene Sohn will ich mich aufmachen und zu meinem Vater gehen.
Jesus Christus! Du hast mir den Weg zum Vater gezeigt. Ich will mich von Dir führen lassen. Du bist der barmherzige Samariter, der

meine Wunden heilt. Du bist wirklich der „Heiland“ meiner Seele; von Dir will ich mich heilen lassen im Sakrament der Buße. Wenn ich mich Deinem Gericht im Bußsakrament unterwerfe, dann wirst Du mich einst in Gnaden richten.
Jesus Christus! Du trittst an meine Stelle, wenn ich auf der Totenbahre der Sünde liege; Du spricht zu mir: „Ich sage dir, steh auf!“ Du verzeihst mir wie einst dem Apostel Petrus nach der Verleugnung, wenn ich Dir jetzt viel Liebe erzeige. Du begnadigst mich wie einst den reuigen Schächer am Kreuz; freilich sagst Du dann auch zu mir: „Geh hin und sündige nicht mehr!“
Jesus Christus! Du hast die Kirche beauftragt, zu binden und zu lösen. Ich bin bereit, meine Sünden der Kirche zu unterwerfen; denn zu den Aposteln und ihren Nachfolgern hast du gesprochen: „Welchen ihr die Sünden nachlassen werdet, denen sind sie nachgelassen!“
Komm, **Heiliger Geist**, erleuchte mich, daß ich meine Sünden recht erkenne! Rühre mein Herz, daß ich sie gut bereue, aufrichtig beichte und mich wahrhaft bessere!
Gegrüßet seist du, Maria …
Maria, Zuflucht der Sünder, bitte für mich![12]

Herr, es ist deine Barmherzigkeit, die mich eingeladen hat, im Bußsakrament das Wort des

Friedens von dir zu erbitten. Gern folge ich deinem Ruf. Auch mein Stolz und meine Trägheit können mich nicht daran hindern. Aber ich merke, daß sie noch nicht überwunden sind. Es wird mir schwerfallen, meinen Zustand recht zu erkennen, demütig zu bereuen und mich aufrichtig anzuklagen. Weil ich oft gedankenlos dahinlebe und in mich selbst verliebt bin, kenne ich mich selbst zu wenig. Doch überkommt mich jetzt, da ich vor dein Angesicht trete, eine schmerzliche Ahnung, wie groß in mir die Finsternis ist. Erleuchte mich! Sende mir den Geist der Wahrheit, daß ich mich in deinem Licht erkenne und doch im Vertrauen auf deine Barmherzigkeit nicht verzage.[13]

Der Gewissensspiegel oder Beichtspiegel

Wenn man in sich geht, eine Gewissenserforschung betreibt, eine Bestandsaufnahme vornimmt, dann empfiehlt es sich, eine gewisse Ordnung einzuhalten, eine Reihenfolge zu beachten, um die verschiedenen Bereiche des eigenen Lebens in ihrer Gesamtheit überschauen zu können. Eine ganz klassische Orientierung in diesem Sinne bieten z.B. die 10 Gebote. Üblich und hilfreich ist es auch, eine Art Schema für die Gewissenserforschung zu verwenden. In einem solchen Schema, das wie ein Spiegel ist, in den ich hineinblicke (daher auch „Gewissens- oder Beichtspiegel“ genannt), helfen mir verschiedene Fragen, meine Schuld zu erkennen. Natürlich kann ein Gewissensspiegel das eigene Leben nicht vollständig erfassen, aber er soll und kann zum konkreten Nachdenken anregen.

Zu Beginn der Meßfeier betet man das Schuldbekenntnis (lat.: „Confiteor“ = „Ich bekenne“). Durch dieses allgemeine Schuldbekenntnis wird noch einmal das Wesen der Schuld deutlich:

> Ich bekenne Gott, dem Allmächtigen,
> und allen Brüdern und Schwestern,
> daß ich Gutes unterlassen und Böses
> getan habe
> – ich habe gesündigt in Gedanken, Worten und
> Werken –
> durch meine Schuld, durch meine Schuld,
> durch meine große Schuld.
> Darum bitte ich die selige Jungfrau Maria,
> alle Engel und Heiligen
> und euch, Brüder und Schwestern,
> für mich zu beten bei Gott, unserem Herrn.

Schuld betrifft zunächst das Verhältnis zu Gott, aber auch die Beziehung zu den Brüdern und Schwestern in der Kirche und zu den Heiligen im Himmel: *„Bekennt einander eure Sünden und betet füreinander, damit ihr erhört werdet.“* (Jak 5,16) Schuld besteht nicht nur im Tun des Bösen, sondern auch im Unterlassen von Gutem; schuldig

werden kann der Mensch in unterschiedlichen Lebensvollzügen („in Gedanken, Worten und Werken“).
Wenn ich meine Schuld bekenne, dann ist dies zugleich auch Anbetung und Lobpreis Gottes! Das lateinische Wort „confiteri“ heißt sowohl „bekennen“ als auch „preisen“: Wenn ich im Sakrament der Beichte meine Schuld bekenne, preise ich Gott, der so mächtig ist, sie zu vergeben. Wir loben Gottes Liebe, wenn wir sie vergebend an uns wirken lassen.

Orientierung an den Geboten der Kirche

Wie wuchtige Wegmarken säumen die 10 Gebote, das Hauptgebot der Liebe sowie die fünf Gebote der Kirche unseren christlichen Lebensweg. Sie sind sichere Orientierungsmerkmale auf unserem Weg mit Jesus Christus zum Vater und bilden die Grundlage für alle Gewissensspiegel:

Die Zehn Gebote (Ex 20,1–21):

Ich bin der Herr, dein Gott.
1. Du sollst keine anderen Götter neben mir haben!
2. Du sollst den Namen Gottes nicht verunehren!
3. Gedenke, daß du den Sabbat heiligst!
4. Du sollst Vater und Mutter ehren!
5. Du sollst nicht morden!
6. Du sollst nicht ehebrechen!
7. Du sollst nicht stehlen!

8. Du sollst kein falsches Zeugnis geben wider deinen Nächsten!
9. Du sollst nicht begehren deines Nächsten Frau!
10. Du sollst nicht begehren deines Nächsten Hab und Gut!

Das wichtigste Gebot (Mt 22,37ff.):
„Du sollst den Herrn, deinen Gott, lieben mit ganzem Herzen, mit ganzer Seele und mit all deinen Gedanken. Das ist das wichtigste und erste Gebot. Ebenso wichtig ist das zweite: Du sollst deinen Nächsten lieben wie dich selbst."

Die fünf Gebote der Kirche:

1. Feiere den Sonntag als den Tag des Herrn.
2. An Sonn- und Feiertagen nimm regelmäßig an der Eucharistiefeier teil.
3. Am Freitag bringe ein Opfer.
4. Empfange regelmäßig, wenigstens aber in der österlichen Zeit, die Sakramente der Buße und des Altares.
5. Hilf der Kirche und deiner Gemeinde.

Die meisten Gewissensspiegel halten sich an die 10 Gebote und schlüsseln sie einzeln auf. Im „Gotteslob" finden wir unter den Nummern 61–64 einige Gewissensspiegel von jeweils unterschiedlicher Ausrichtung: Nummer 62 ist ein ausführlicher Gewissensspiegel, der alle Lebensbereiche detailliert abdeckt und sich besonders für diejenigen eignet, die längere Zeit nicht mehr gebeichtet haben. Nummer 63 orientiert sich an „Glaube – Hoffnung – Liebe“; Nummer 64 steht unter der Überschrift „Leben für andere“.

Beispielhaft sei an dieser Stelle nur das „Schema für die Gewissenserforschung“ aus dem offiziellen kirchlichen Ritusbuch („Die Feier der Buße nach dem neuen Rituale Romanum“[14]) vorgestellt. Wie für alle Schemata gilt auch hier, daß es keinen Anspruch auf Vollständigkeit erhebt, daß es vielmehr als Anregung zum Nachdenken über das eigene Leben mit all seinen Beziehungen zu Gott und den Menschen dient:

1. Bei der Gewissenserforschung vor dem Empfang des Bußsakramentes soll sich jeder zunächst folgende Fragen vorlegen:

1) Komme ich zum Empfang des Bußsakramentes, weil ich aufrichtig nach Reinigung, Umkehr, Erneuerung meines Lebens und tieferer Gemeinschaft mit Gott verlange? Oder betrachte ich den Empfang des Bußsakramentes als lästige Verpflichtung, der ich möglichst selten nachkomme?

2) Habe ich bei früheren Beichten schwere Sünden vergessen oder absichtlich verschwiegen?

3) Habe ich die auferlegte Buße verrichtet, begangenes Unrecht wiedergutgemacht und versucht, den Vorsatz zu einem Leben nach dem Evangelium in die Tat umzusetzen?

2. Jeder soll sein Leben im Licht des Wortes Gottes prüfen.

I. Der Herr sagt: „Du sollst den Herrn, deinen Gott, lieben mit deinem Herzen.“

1) Ist mein Leben so auf Gott ausgerichtet, daß ich ihn, wie ein Kind seinen Vater, über alles liebe und treu seine Gebote halte? Oder sorge ich mich vor allem um irdische Dinge? Habe ich die rechte innere Einstellung bei allem, was ich tue?

2) Glaube ich fest an Gott, der in seinem Sohn zu uns gesprochen hat? Halte ich fest an der Lehre der Kirche? Kümmere ich mich um die Weiterbildung im Glauben durch das Hören des Wortes Gottes, durch Teilnahme am Glaubensunterricht? Meide ich, was dem Glauben schaden kann? Bekenne ich mich aufrecht und furchtlos zum Glauben an Gott und zur Kirche? Habe ich mich im öffentlichen und privaten Leben als Christ verhalten?

3) Wie steht es um mein tägliches Gebet? Ist mein Beten ein persönliches Sprechen mit Gott oder nur eine äußerliche Gewohnheit? Bringe ich meine Arbeit, meine Freuden und Sorgen vor Gott? Wende ich mich in der Versuchung an ihn?

4) Ehre und liebe ich den Namen Gottes oder habe ich Gott beleidigt durch Fluchen, Meineid, leichtsinniges Aussprechen seines Namens? War ich ehrfurchtslos gegenüber der Jungfrau Maria und den Heiligen?

5) Habe ich an Sonn- und Feiertagen lebendig, aufmerksam und mit Andacht am Gottesdienst, vor

allem an der Feier der Messe, teilgenommen? Habe ich das Gebot der österlichen Beichte und Kommunion erfüllt?

6) Laufe ich vielleicht anderen Götzen nach, um die ich mich mehr kümmere und auf die ich mehr vertraue als auf Gott, z.B. Reichtum, Aberglaube, Spiritismus und andere magische Praktiken?

II. Der Herr sagt: „Liebt einander, wie ich euch geliebt habe."

1) Liebe ich wirklich meinen Nächsten? Oder benutze ich meine Mitmenschen nur, um meine Ziele zu erreichen? Behandle ich sie so, wie ich behandelt werden möchte? Habe ich ihnen durch mein Reden oder durch mein Verhalten Ärgernis gegeben?

2) Habe ich in meiner Familie durch Geduld und echte Liebe dazu beigetragen, daß alle sich wohl fühlen?

Habe ich als Sohn oder Tochter den Eltern gehorcht, ihnen Achtung entgegengebracht und ihnen in innerer oder äußerer Not geholfen? Habe ich mich als Vater oder Mutter um die christliche Erziehung der Kinder gekümmert? Habe ich ihnen durch gutes Beispiel und durch den rechten Gebrauch der elterlichen Autorität geholfen? Bin ich meinem Gatten in meiner inneren Haltung und im äußeren Verhalten treu gewesen?

3) Bin ich bereit, mit denen zu teilen, die weniger besitzen als ich? Trete ich dort, wo es mir möglich

ist, für die Unterdrückten ein; komme ich den Notleidenden zu Hilfe; stehe ich den Fremden bei? Oder mißachte ich meinen Nächsten, besonders Arme, Schwache, Alte, Fremde, Angehörige anderer Völker und Rassen?

4) Bin ich mir der Aufgaben bewußt, die mir bei der Firmung übertragen wurden? Habe ich an den apostolischen und karitativen Werken der Kirche und am Pfarrleben Anteil genommen? Bin ich für die großen Anliegen der Kirche und der Welt eingetreten und habe ich für sie gebetet, z.B. für die Einheit der Kirche, für die Mission, für Gerechtigkeit und Frieden?

5) Kümmere ich mich um das Wohl der Gemeinschaft, in der ich lebe, oder bin ich nur um mich selbst besorgt? Fördere ich dort, wo ich kann, die Gerechtigkeit, die öffentliche Sittlichkeit, die Eintracht und die Liebe in der Gesellschaft? Habe ich meine Pflichten als Staatsbürger erfüllt, meine Steuern entrichtet?

6) Erfülle ich meine Berufspflichten ehrlich und gewissenhaft und mit dem Willen, der Gemeinschaft zu dienen? Habe ich denen, die für mich arbeiten und deren Dienste ich in Anspruch nehme, den gerechten Lohn gegeben? Habe ich Versprechen und Verträge gehalten?

7) Habe ich der rechtmäßigen Autorität Gehorsam und Achtung erwiesen?

8) Habe ich Ämter oder Autorität, die mir anvertraut sind, im Dienst und zum Wohl der anderen

verwaltet oder habe ich sie zu meinem Vorteil ausgenützt?

9) Bin ich wahrhaftig und verschwiegen gewesen oder habe ich anderen geschadet durch Lüge, Verleumdung, Ehrabschneidung, vermessenes Urteil, Verletzung mir anvertrauter Geheimnisse?

10) Habe ich dem Leben, der Gesundheit, der Ehre, dem guten Ruf, dem Besitz anderer geschadet? Habe ich zur Abtreibung geraten oder dabei mitgewirkt? Habe ich die Gemeinschaft mit anderen durch Streit, Feindschaft, Beschimpfungen, Zorn zerstört? Habe ich aus Egoismus unterlassen, als Zeuge zugunsten Unschuldiger aufzutreten?

11) Habe ich gestohlen, fremdes Gut beschädigt oder in unrechter Weise begehrt? Habe ich fremdes Gut zurückerstattet und angerichteten Schaden wiedergutgemacht?

12) War ich bereit, um Christi willen Frieden zu schließen und zu verzeihen, wenn man mir Unrecht zugefügt hat? Oder nähre ich den Haß und will das Verlangen nach Rache nicht aufgeben?

III. Christus, der Herr sagt: „Ihr sollt vollkommen sein, denn auch euer himmlischer Vater ist vollkommen."

1) Was bestimmt die Grundrichtung meines Lebens? Lebe ich aus der Hoffnung auf das ewige Leben? Kümmere ich mich um geistliches Wachstum durch Gebet, Lesen und Betrachten der Heiligen Schrift, Sakramentenempfang und Buße? Bin

ich bereit, meine Fehler zu bekämpfen, schlechte Neigungen und Leidenschaften, wie z.B. den Neid oder die Unmäßigkeit im Essen und Trinken, zu beherrschen? Bin ich stolz und prahlerisch, überheblich vor Gott? Verachte ich die Anderen und halte mich für besser als sie? Lasse ich nur meinen Willen gelten? Mißachte ich die Freiheit und die Rechte der Anderen?

2) Welchen Gebrauch mache ich von den „Talenten", die Gott mir anvertraut hat: von meiner Zeit, meiner Kraft, meinen Begabungen? Nutze ich sie zu immer größerer Selbstverwirklichung? Oder bin ich faul und träge?

3) Bringe ich es fertig, Schmerzen und Widerwärtigkeiten geduldig zu tragen, damit in meinem irdischen Leben das „Maß der Leiden Christi erfüllt" wird? Habe ich das Fasten- und Abstinenzgebot gehalten?

4) Bin ich mir bewußt, daß meine Sinne und mein Leib ein Tempel des Heiligen Geistes und dazu berufen sind, aufzuerstehen in Herrlichkeit, und daß sie ein Zeichen jener treuen Liebe Gottes zu uns Menschen sein sollen, die im Ehesakrament so deutlich sichtbar wird? Habe ich daher meinen Leib und meine Sinne schamhaft und keusch bewahrt? Oder habe ich sie durch unsaubere Worte und Gedanken, Begierden und Handlungen befleckt? Habe ich unreiner Lust nachgegeben? Habe ich durch Lektüre oder durch die Teilnahme an Gesprächen und Vergnügungen, durch den Besuch

von Vorführungen gegen die christliche Ehrbarkeit gefehlt? Habe ich durch unpassendes Benehmen andere verführt? Habe ich im ehelichen Leben das Sittengesetz beobachtet?
5) Habe ich aus Menschenfurcht oder Heuchelei gegen mein Gewissen gehandelt?
6) Habe ich mich bemüht, nach dem Gesetz des Geistes zu leben und die Freiheit der Kinder Gottes zu verwirklichen, oder lasse ich mich von meinen Leidenschaften knechten?

Puh – das ist eine ganz schön lange Liste. Am besten, man hat direkt Zettel und Bleistift zur Hand, damit man sich Notizen machen kann. Ein solcher „Beichtzettel“ ist übrigens nicht nur für Kinder hilfreich – im Augenblick der Beichte ist man meistens nervös, und es kann beruhigend sein, eine solche papierene Gedächtnisstütze dabeizuhaben.

Es besteht die Gefahr, daß man beim Betrachten eines solchen ausführlichen Gewissensspiegels den Mut verliert – gerade wenn man lange Zeit nicht mehr gebeichtet hat und einem das Ideal eines christlichen, vollkommenen Lebens so gründlich vor Augen geführt wird. „Das schaffe ich sowieso alles nicht …“, wird man vielleicht meinen. Jetzt ist es ganz wichtig, voller Vertrauen daran zu denken, daß es in der Beichte vor allem darauf ankommt, sich so, wie man ist, mit seinem ganzen Leben, mit allen Wunden, die die Sünde verursacht hat, dem barmherzigen Vater anzuvertrauen: „*Wir werden unser Herz in seiner Gegenwart beruhigen. Denn wenn das Herz uns auch verurteilt – Gott ist größer als unser Herz, und er weiß alles.*“ (1 Joh 3,19f.)

Es ist wichtig, jetzt auf das eigene Gewissen zu hören: Was bedrückt mich besonders? Wovor habe ich Angst? Was macht mich fertig? Was ist meine schwerste Schuld? In welche Fehler falle ich immer wieder zurück? Welche Vorsätze will ich für die Zukunft fassen?

Eine hilfreiche Methode zur guten Gewissenserforschung besteht darin, dort, wo das Gewissen mir Fehler zeigt, zu fragen: Warum habe ich diesen Fehler begangen? Aus Gedankenlosigkeit, aus Neid und Eifersucht, aus Trägheit usw.? Auf diese Weise entdeckt man die Quelle seiner Sünden, und es wird deutlich, welche Gesinnung dahintersteckt. Auch wenn das nicht immer für jede einzelne Sünde gelingen kann und muß, werde ich mich doch selbst besser kennenlernen und nach und nach auch meine Hauptfehler identifizieren.

Im Bekenntnis der Sünden während der Beichte kann man dann neben den einzelnen Sünden auch die Gesinnung nennen. So wird das Bekenntnis persönlich und erhält Tiefe. Ein solches Bekenntnis könnte z.B. folgendermaßen lauten:

„Mein Vorsatz war: treu und andächtig zu beten. Ich war die letzte Woche ganz nachlässig und freiwillig zerstreut im Gebet, **weil** ich beständig über eine Beleidigung grübelte. Über diese Person, die mich beleidigte, sprach ich in gehässiger Weise und unterhielt Rachegedanken. – Ich habe unreine Vorstellungen und Gefühle unterhalten, **weil** ich eine Stelle in einem Buch mehrmals durchlas, obwohl ich die Gefahr der Versuchung bemerkte. – Ich habe gelogen, **weil** ich eitel war. – Ich bin unfreundlich gewesen, **weil** ich einige Tage hindurch in trauriger, niedergeschlagener Stimmung war."

Eine andere Methode, die Gewissenserforschung und das Bekenntnis in der Beichte fruchtbarer zu gestalten, besteht darin, ausgehend von dem konkreten Vorsatz der letzten Beichte das eigene Leben zu beleuchten. Nachdem man geprüft hat, wie dieser Vorsatz durchgehalten wurde, sammelt man kurz die hauptsächlichen Fehler und Sünden seit der letzten Beichte. Man kann überlegen, ob eine besondere Stimmung (z.B. Niedergeschlagenheit, Neid, Verbitterung ...) damit zusammenhängt. Dann nimmt man den konkreten Vorsatz der letzten Beichte und prüft daraufhin in einem Rückblick das eigene Leben. Man kann sich z.B. fragen: Wie oft in meinem Leben habe ich Gott mit dieser konkreten Sünde schon beleidigt? Schließlich faßt man erneut einen konkreten Vorsatz. Ein solches Bekenntnis könnte folgendermaßen lauten:

1. Rückblick auf den konkreten Vorsatz:
„Mein konkreter Vorsatz aus der letzten Beichte lautete: immer liebevoll über Andere zu reden. Das ist mir besonders in der letzten Woche nicht gut gelungen. Über eine bestimmte Person habe ich mehrmals böse hinter ihrem Rücken geredet, weil ich neidisch und eifersüchtig auf ihren Erfolg war."
2. Kurze Sammlung der Fehler und Sünden:
„Dadurch hat mein Gebetsleben gelitten, ich habe wenig und nur zerstreut gebetet. Ich habe aus Eitelkeit gelogen. Ich habe unkeusche Gedanken unterhalten. In den letzten beiden Wochen war ich oft traurig und niedergeschlagen und habe wenig Freude am Glauben gespürt."
3. Rückblick auf das eigene Leben:
„Ich möchte alle Lieblosigkeiten meines Lebens in diese Beichte mit einschließen."
4. Vorsatz:
„Ich möchte den konkreten Vorsatz erneuern, über andere Menschen nur liebevoll zu denken und zu reden. Mein Jesus, Barmherzigkeit!"

Es empfiehlt sich, solche Methoden als Angebot zu verstehen und einfach einmal auszuprobieren. Man wird überrascht sein, wie sehr sich die eigene Beichte verändert: Sie wird viel persönlicher, das Bekenntnis der Schuld wird sozusagen „geerdet", weil man konkrete Sünden bekennt und nicht in vagen und unkonkreten Bereichen bleibt. Eine solche Methode kann umgekehrt auch ein Ansporn sein, den Vorsatz der Beichte mit in den eigenen Alltag hineinzunehmen.[15]

Wenn man lange Zeit nicht gebeichtet hat oder ein wichtiges Ereignis bevorsteht (z.B. eine Hochzeit, eine lange Reise, eine Behandlung im Krankenhaus …), kann es sinnvoll sein, eine „Lebensbeichte“ abzulegen, um sozusagen sein ganzes Leben – nicht nur die „aktuellen“ Sünden – in die Hand des barmherzigen Vaters hineinzulegen. Die Gewissenserforschung erstreckt sich dann auf das ganze Leben – soweit man es noch überschauen kann. Oft tragen wir schwer an schlimmen Erinnerungen und Erfahrungen, unsere Seele ist vernarbt von den Wunden alter Schuld. Ab und an kann es hilfreich sein, sich in dieser ganz umfassenden Weise im Sakrament der Barmherzigkeit dem Herrn zu übergeben. Will man eine Lebensbeichte ablegen, ist es sinnvoll, dem Beichtvater zu Beginn der Beichte einen entsprechenden Hinweis zu geben.

3. Bereuen

Ich will aufbrechen.

Ich will aufbrechen und zu meinem Vater gehen und zu ihm sagen: Vater, ich habe mich gegen den Himmel und gegen dich versündigt. Ich bin nicht mehr wert, dein Sohn zu sein, mach mich zu einem deiner Tagelöhner. Dann brach er auf und ging zu seinem Vater. (Lk 15,18–20a)

In einem ersten Schritt haben wir die Besinnung oder Gewissenserforschung betrachtet. Auf dieser Grundlage wenden wir uns nun gewissermaßen dem Herzstück, dem Kern der Bekehrung des Sünders, zu: der Reue.

In einem berühmten Chanson singt Edith Piaf: „Non rien de rien, non, je ne regrette rien …" – „Nein, ich werde auf keinen Fall bereuen, weder das Gute, um im Frieden zu sein, noch das Schlechte; mir ist alles gleich. (…) Ich kümmere mich einen Dreck um die Vergangenheit."[16] Ein wunderbares Lied mit einer schrecklichen Botschaft: ein trotziges Bekenntnis zur eigenen Vergangenheit, ein stolzes, hochmütiges Verweigern der Reue, Gleichgültigkeit an Stelle der Bitte um Vergebung.
Aber kommt uns dieser Stolz nicht bekannt vor? Spricht uns nicht diese heldenhafte, trotzige Art manchmal an? „Ich lebe mit den Konsequenzen, ich stehe zu meiner Geschichte, ich will nichts beschönigen, aber ich habe auch nichts zu bereuen!" Hier liegt vielleicht eines der großen Hindernisse auf dem Weg zur Beichte – oft sind wir vielleicht zu stolz, um uns vergeben zu lassen. Wir wollen sie nicht, die Vergebung, die Verzeihung, denn wir wollen unsere Schuld nicht bereuen.

Aber was genau ist Reue? Reue ist die Abscheu vor der Sünde und geistiger Schmerz darüber, die Sünde begangen zu haben, verbunden mit dem Vorsatz, in Zukunft nicht mehr zu sündigen. Wieder müssen wir uns hüten, unseren Gefühlen zu viel Bedeutung beizumessen. Reue kann natürlich auch eine Emotion sein, die uns stark bewegt, wenn wir etwas mit allen Fasern unseres Wesens ungeschehen machen möchten und es doch nicht vermögen. Reue ist aber mehr als nur ein Gefühl – sie ist eine Willenshandlung: Ich erkenne, daß etwas falsch und schlecht ist. Ich erkenne, wie mich die Sünde von Gott fernhält, wie sie meine Beziehung zu Gott angreift oder ganz zerstört. Ich erkenne, was Christus für mich getan hat in seiner Menschwerdung, seinem Leiden, seinem Tod und seiner Auferstehung, und ich erkenne die Undankbarkeit und Beleidigung, die in meiner Zurückweisung dieses Geschenks durch die Sünde besteht. Ich möchte meine Beziehung zu Gott wieder in Ordnung bringen, sie wiederherstellen, und ich möchte zumindest den Vorsatz fassen, die Sünde nicht mehr zu begehen.
Manchmal hat man das Gefühl: Ich weiß zwar, daß diese oder jene Sache falsch war, aber es hat Spaß gemacht, und ich fand es trotzdem schön. Wie kann ich dann aufrichtig bereuen? Hier spielen uns unsere Emotionen wieder einen Streich. Reue bedeutet nicht unbedingt, daß man mit der Sünde nur unangenehme Gefühle verbindet. Die Sünde stellt

sich ja oft als etwas Gutes und Positives dar, das nur dadurch zur Sünde wird, daß wir es auf eine ungeordnete Weise wollen, auf eine Weise, die uns wegführt von Gott. Die Sünde ist eben manchmal verführerisch und macht Spaß, und ihre furchtbaren Folgen sind für den Sünder oft nur schwer zu erkennen. Hier dürfen wir uns nichts vormachen und müssen eine deutliche Unterscheidung vornehmen: Ich erkenne eine Sünde und bereue sie, weil sie eine Beleidigung Gottes ist und mich von ihm wegführt – auch dann, wenn mein Gefühl mich noch positiv mit dieser Sünde verbindet. Es gibt einen bekannten Witz, der diese emotionale Zwiespältigkeit illustriert:

Ein uraltes, verhutzeltes Weiblein beichtet, es habe eine Liebschaft mit einem jungen Bauernburschen gehabt. „Aber Mutterl“, sagt der Beichtvater, „das muß schon sehr lange her sein, das haben Sie doch sicher schon gebeichtet.“ „Ja“, sagt das Weiblein, „wissen Sie, Hochwürden, das beicht’ ich immer wieder mit, es ist eine so schöne Erinnerung.“

Die Folge der Sünde besteht darin, daß der Wille des Menschen in seinem tiefsten Kern nicht mehr auf Gott als das letzte und größte Ziel des Menschen ausgerichtet ist. Die Reue kehrt nun diese Folge der Sünde um – die grundlegende Ausrichtung des Menschen auf Gott wird wieder hergestellt. Bei diesem Vorgang kann man zwei Aspekte unterscheiden: Einmal muß der Mensch dieser Bewegung „zu Gott hin“ zustimmen, er muß sie wollen. Zum anderen ist hier auch die Gnade Gottes am Werk: Der Heilige Geist berührt das Herz des Menschen und treibt ihn an, immer mehr die Haltung der Reue anzunehmen. Der Sünder muß bereit sein, sein Herz zu öffnen für dieses Wirken Gottes. Wer sein Herz verschließt („Nein, ich werde auf keinen Fall bereuen ...“), verschließt sich damit dem Heilshandeln Gottes. Der Hochmut – immer der Urgrund aller Sünde – verschließt das Herz des Menschen. Um die Sünden bereuen zu können, ist die Tugend der Demut nötig.

Die Sünden bereuen – das ist nicht angenehm. Es ist schmerzvoll, sich eingestehen zu müssen, daß man versagt hat. Es ist peinlich, dies auch aussprechen zu müssen. Der Prozeß der Rückkehr zu Gott kann verschiedene Formen annehmen: Furcht und Scham, aber auch Hoffnung, Freude und Liebe sind damit verbunden.

Die Reue ist also Geschenk Gottes, Wirken des Heiligen Geistes und zugleich eine freie Tat des Menschen. Man kann zwei verschiedene Formen der Reue unterscheiden: Die vollkommene Reue (Liebesreue) und die unvollkommene Reue (Furchtreue). Man wird diese Unterscheidung leicht verstehen können, wenn man bedenkt, daß die Sünde ja aus zwei gegensätzlichen Gründen zu verabscheuen ist: Einmal kann man die schrecklichen Folgen der Sünde für den Menschen bedenken: Wenn ich in einer schweren Sünde sterbe, werde ich konsequenterweise in der Ewigkeit von Gott getrennt sein. Die Furcht vor der Konsequenz der Sünde – dem ewigen Tod, der Hölle – ist ein recht einleuchtender Grund, die Sünde zu meiden und umzukehren. Die Reue aus Furcht wird auch die „unvollkommene Reue" genannt. Der zweite Grund, die Sünde zu verabscheuen, ist die Liebe. Wenn die tiefste und umfassendste Umschreibung der Sünde in der Ablehnung der Liebe besteht, dann muß die Abwendung von der Sünde zugleich auch im erneuten Jasagen zur Liebe Gottes geschehen.

Die Reue aus Liebe zu Gott nennt man auch die „vollkommene Reue". Durch die vollkommene Reue werden die läßlichen Sünden vergeben und sogar die Todsünden, sofern die Reue mit dem festen Entschluß verbunden ist, so bald als möglich zu beichten. Die unvollkommene Reue erlangt noch nicht die Vergebung der Schuld – aber auch sie ist ein Geschenk Gottes und leitet eine innere Entwicklung ein, die im Sakrament der Beichte zur Vergebung der Sünden führt.

In der Theologie nennt man die vollkommene Reue *contritio*, das bedeutet: Zermalmung, Zerknirschung. Wenn ein Gegenstand in winzig kleine Stücke zerbröckelt und zermalmt ist, dann ist er *contritus*. Man kann sich vorstellen, daß die Sünde das Herz des Menschen völlig verhärtet, es mit einem spröden, unbiegsamen Panzer des Bösen überzieht. Durch die Reue aus Liebe wird dieser Panzer des

Bösen völlig zerstört und zermalmt. In der Sequenz des Pfingstfestes (Gotteslob Nr. 244: „Komm herab, o Heilger Geist ...) wird das Kommen des Heiligen Geistes erfleht, und es wird beschrieben, was der Heilige Geist tut. Diese Verse können auch gut auf sein Wirken im Herzen des Menschen bezogen werden, wenn er in der vollkommenen Reue den Panzer des Bösen aufbricht: „Komm, o du glückselig Licht, fülle Herz und Angesicht, dring bis auf der Seele Grund. (...) Was befleckt ist, wasche rein, Dürrem gieße Leben ein, heile du, wo Krankheit quält. Wärme du, was kalt und hart, löse, was in sich erstarrt, lenke, was den Weg verfehlt." Die unvollkommene Reue wird als *attritio* (teilweise Vernichtung) bezeichnet. Wir können uns vorstellen, daß durch die unvollkommene Reue der „Panzer des Bösen", den die Sünde um das Herz des Menschen gelegt hat, nicht vollständig vernichtet wurde. Der Mensch hat sich noch nicht vollständig und ganz und gar von der Sünde abgewendet. Aber seine Hinwendung zu Gott reicht dennoch aus – im Sakrament empfängt er die Gnade, die aus der Erstarrung der Sünde befreit.

Es ist für den Einzelnen natürlich schwierig festzustellen, welche Art der Reue man gerade empfindet. Wahrscheinlich bestehen die beiden Gründe für die Reue im Menschen oft nebeneinander – die Furcht vor der Konsequenz der Sünde und die Sehnsucht danach, in der Liebe Gottes geborgen zu sein, sie zu empfangen und erwidern zu können. Auch der verlorene Sohn hat verschiedene Empfindungen. Auf der einen Seite hofft er auf die Liebe des Vaters, auf der anderen Seite kalkuliert er nüchtern, daß er beim Vater wenigstens die Chance hat, nicht zu verhungern. Die Furcht vor dem Elend und dem Hungertod im Schweinestall ist ebenso Antrieb wie der Gedanke an die Liebe des Vaters. In der Regel müssen wir die Art der Reue über unsere Sünden aber auch gar nicht theologisch differenzieren können. Wichtig ist, der Besinnung und Gewissenserforschung den konkreten Schritt folgen zu lassen: *Dann brach er auf und ging zu seinem Vater.*

Die Reue enthält drei wichtige Elemente:
1) Ich erkenne, daß die Sünde falsch ist und mich von Gott trennt. Ich sage: Es tut mir leid.
2) Wenn meine Reue ehrlich ist, dann heißt das auch: Ich möchte versuchen, diese Sünde nicht mehr zu begehen, und ich fasse einen entsprechenden Vorsatz.
3) Ich bringe meine Umkehr von der Sünde hin zu Gott im Sakrament der Beichte zur Vollendung.

Es ist gut, die Reue über die Sünden in einem Gebet auszudrücken. Auch hier gibt es viele Möglichkeiten (z.B. Gotteslob Nr. 59, 5–8). Oder man betet:

Jesus ist mein Richter,
aber er starb, um mich nicht verdammen zu müssen.
Bei diesem Gedanken spüre ich,
Jesus und Gott,
daß ich dich nie geliebt habe.
Schenke mir und allen anderen auch
jetzt und immer diese Liebe zu dir.
Mache aber auch das ganze Universum zur Liebe.
(Vinzenz Pallotti)

oder:

Herr Jesus Christus, mein Heiland und Erlöser, Du hast dem reuigen Petrus, der sündigen Magdalena und sogar dem Schächer am Kreuz verziehen: Verzeih auch mir! Ich bereue meine Sünden aus Liebe zu Dir.
O mein Gott, alle meine Sünden reuen mich von ganzem Herzen, weil ich von Dir Strafe verdient habe. Ganz besonders aber sind sie mir leid, weil ich Dich, meinen besten Vater und meinen gütigsten Erlöser, beleidigt habe. Mit Deiner Gnade nehme ich mir fest vor, nicht mehr zu sündigen und die nächste Gelegenheit zur Sünde zu meiden.[17]

Gut geeignet ist auch der berühmte Text von Friedrich von Spee „Dich liebt, o Gott, mein ganzes Herz“ (1638):

Dich liebt, o Gott, mein ganzes Herz,
und dies ist mir der größte Schmerz,
daß ich erzürnt dich, höchstes Gut;
ach, wasch mein Herz in deinem Blut!

Daß ich gesündigt, ist mir leid;
zu bessern mich bin ich bereit.
Verzeih, o Gott, mein Herr verzeih
und wahre Buße mir verleih!

O Gott, schließ mir dein Herz nicht zu!
Bei dir allein ist wahre Ruh.
Laß nie mich von der Gnade dein,
von deiner Lieb geschieden sein!

Nimm hin mein Herz, Herr Jesus Christ;
dein Herz für mich durchstoßen ist;
ich bitt durchs Blut des Herzens dein,
mach mein und aller Herzen rein!

O Gott, mein Ziel, dein will ich sein,
mit Leib und Seel auf ewig dein!
Tu nur mit mir zu jeder Zeit,
Herr, wie du willst, ich bin bereit!

Sehr eindrucksvoll ist das Gebet von Georg Thurmair (1935, Gotteslob Nr. 169):

O Herr, aus tiefer Klage erheb ich mein Gesicht, und was ich bin, das trage ich hin vor dein Gericht.

Mein Wesen ist am Ende und trauert wie im Grab; es fielen Herz und Hände von deiner Liebe ab.

Nun ist vor allen Sünden die Finsternis mein Lohn. O laß mich heimwärts finden wie den verlornen Sohn.

Gib mir die Liebe wieder, laß blühn der Gnade Keim und führe zu den Brüdern mich aus dem Elend heim.

4. Bekennen

Vater, ich habe mich gegen den Himmel und gegen dich versündigt.
Der Vater sah ihn schon von weitem kommen, und er hatte Mitleid mit ihm. Er lief dem Sohn entgegen, fiel ihm um den Hals und küßte ihn. Da sagte der Sohn: Vater, ich habe mich gegen den Himmel und gegen dich versündigt; ich bin nicht mehr wert, dein Sohn zu sein. Der Vater aber sagte zu

seinen Knechten: Holt schnell das beste Gewand und zieht es ihm an, steckt ihm einen Ring an die Hand und zieht ihm Schuhe an. Bringt das Mastkalb her und schlachtet es; wir wollen essen und fröhlich sein. Denn mein Sohn war tot und lebt wieder; er war verloren und ist wiedergefunden worden. Und sie begannen, ein fröhliches Fest zu feiern. (Lk 15,20b–24)

Ist das nicht viel zu peinlich?

Eine der häufigsten Ausreden lautet: „Beichten ist mir viel zu peinlich!" Klar – wem ist es nicht peinlich und unangenehm, die eigenen Sünden zu bekennen und sein Herz ganz zu öffnen. Wir sehen dann nämlich gar nicht mehr so toll und strahlend aus, wie wir uns selbst gerne sehen und wie wir von anderen gesehen werden möchten. Eine Legende erzählt, daß der Pfarrer den Teufel dabei beobachtet hat, wie er von Beichtstuhl zu Beichtstuhl geht. Verwundert fragt er ihn, was er da tue. Der Teufel antwortet: „Ich gebe den Menschen das Schamgefühl zurück, daß sie beim Sündigen verloren haben …"

Wir brauchen uns keine Illusionen zu machen. Wir sind (meistens) weder die schlimmsten Sünder noch die größten Heiligen. In der Regel sind wir ganz gewöhnliche, mittelmäßige Sünder. Aber das ist nicht schlimm, solange wir versuchen, keine mittelmäßigen Christen zu bleiben. Ein alter Pfarrer sagte einmal, er würde demjenigen 100,– Euro

schenken, der ihm eine Sünde beichtet, die er noch nie gehört hat. Er hat sein Geld noch heute …
Wir sollten also nicht zu sehr auf unsere peinlichen Gefühle achten, sondern mehr daran denken, was geschieht: Der barmherzige Vater eilt uns voll Mitleid entgegen, umarmt uns und möchte ein fröhliches Fest feiern.

Die Wahl des Beichtvaters

Nach der Gewissenserforschung und dem Reuegebet geht es nun im dritten Schritt zur Sache: das Bekenntnis der Sünden vor einem Priester. In der Wahl des Beichtvaters ist man frei – manch einer möchte lieber bei einem ganz fremden Priester beichten, manch einer zieht einen Priester vor, den er kennt. Man kann in der eigenen Pfarrgemeinde beichten oder eine größere Stadt aufsuchen, in der es ein breiteres Beichtangebot gibt. Es kann auch hilfreich sein, einen festen Beichtvater zu wählen, der den Pönitenten mit der Zeit kennenlernt und regelmäßig als „geistlicher Führer“ begleiten kann.

Beichtstuhl oder Beichtgespräch

Heute gibt es in der Regel zwei äußere Formen, in denen die Beichte abgelegt wird: im Beichtstuhl oder in der Form des Beichtgesprächs. Die klassische Form ist die Beichte im Beichtstuhl: Der Beichtvater sitzt auf einem Stuhl (man beachte die Assoziation zum Richterstuhl!) in einem mehr oder weniger geschlossenen kleinen Raum. Rechts und

links vom Priester befindet sich in der Wand des Beichtstuhls eine meist vergitterte Öffnung. Der Pönitent kniet sich auf eine der rechts und links angebrachten Kniebänke und kann durch das Gitter mit dem Priester leise sprechen. Wenn der Platz für die Beichtenden von außen nicht einsehbar ist, weist manchmal ein rotes oder grünes Licht darauf hin, ob sich gerade ein Pönitent im Beichtstuhl aufhält. Ein Namensschild über dem Beichtstuhl verrät, welcher Priester sich im Beichtstuhl befindet.
Normalerweise gibt es in den Pfarrkirchen feste Zeiten, in denen der Beichtstuhl besetzt ist und man seine Beichte ablegen kann. In größeren Städten gibt es manchmal besondere Kirchen, in denen jeden Tag Beichtzeiten angeboten werden. Der große Vorteil des Beichtstuhls besteht in der Anonymität, die der Pönitent hier genießt.
Wenn man sich sehr unsicher ist oder lange Zeit nicht mehr gebeichtet hat oder wenn man den Beichtstuhl nicht einladend findet, kann auch das Beichtgespräch eine mögliche Alternative sein. Hier sitzt man dem Priester wie bei einem normalen Gespräch gegenüber und kann auch etwas ausführlicher seine Anliegen vortragen. In manchen Kirchen gibt es dafür eigene Beichtzimmer, manchmal ist auch ein Beichtstuhl für diese Gesprächsform hergerichtet. Wenn das Beichtgespräch und die Beichte im Beichtstuhl nicht gleichzeitig angeboten werden, wird man in der

Regel mit dem Priester vor der Beichte eine Absprache treffen müssen. Es ist günstig, sich bei Gelegenheit über die konkreten Möglichkeiten vor Ort zu informieren.
Für welche äußere Form ich mich aber auch entscheide – das eigentliche Geschehen der Beichte ist immer dasselbe.

Die Beichte

Bevor ich den Beichtstuhl betrete, kann ich mir noch einmal vor Augen führen, was nun in Wirklichkeit geschieht: Der barmherzige Vater sieht den verlorenen Sohn kommen und läuft ihm ungeduldig und voller Mitleid entgegen – eine für ehrwürdige Orientalen sehr ungewöhnliche Reaktion. Er umarmt und küßt ihn und übergibt ihm das Festgewand, den Ring und die Schuhe – Zeichen dafür, daß er wieder als Sohn mit allen Rechten aufgenommen wird. Der Sohn war tot durch die Sünde. Nun ist er umgekehrt und lebt wieder. Auch wir sind durch die Sünde in unserer Seele verwundet oder tot. Auch uns kommt Gott, der barmherzige Vater, voll Ungeduld entgegen, um uns zu umarmen, um uns von neuem das reine, weiße Taufgewand der heiligmachenden Gnade zu übergeben, um uns wieder als sein Kind willkommen zu heißen. Jesus sagt: *„Ebenso wird auch im Himmel mehr Freude herrschen über einen einzigen Sünder, der umkehrt, als über neunundneunzig Gerechte, die es nicht nötig haben umzukehren.“* (Lk

15,7) Die Beichte ist das Sakrament der Freude. Wer zur Beichte geht, ist willkommen – ja, er wird ungeduldig und voller Freude erwartet!

Im Beichtstuhl kniet man sich auf den hierfür vorgesehenen Platz. In der Regel begrüßt der Priester den Beichtenden, z.B. mit dem Kreuzzeichen oder mit einem anderen kurzen Gebet, z.B. „Mein Jesus, Barmherzigkeit!“ oder: „Gelobt sei Jesus Christus!“ (Antwort: „In Ewigkeit. Amen.“)

Begrüßung

Ich beginne das Bekenntnis mit dem Kreuzzeichen:

Im Namen des Vaters und des Sohnes und des Heiligen Geistes. Amen.

Der Priester kann den Beichtenden einladen, auf Gott zu vertrauen, und z.B. sprechen:

Gott, der unser Herz erleuchtet, schenke dir wahre Erkenntnis deiner Sünden und seiner Barmherzigkeit.

Der Beichtende antwortet: **Amen**.

Lesung des Wortes Gottes

Der Priester kann nun einen Schrifttext vorlesen, der von der Barmherzigkeit Gottes und der Bekehrung des Menschen handelt. In der Regel ist dies aber bei uns nicht üblich.

Sündenbekenntnis und Genugtuung

Vor dem eigentlichen Sündenbekenntnis kann man noch einige Angaben machen, die dem Beichtvater helfen, den rechten Rat zu geben. Es reicht aus, das Alter zu nennen und eine Angabe über seinen Stand zu machen („Ich bin ledig / geschieden / seit vier Jahren verheiratet / Priester / Bischof …) und zu sagen, wann die letzte Beichte war („Meine letzte Beichte war vor Weihnachten / vor der Erstkommunion / vor 20 Jahren / vor vier Wochen / vor 2 Tagen …“).
Mancherorts ist es Sitte, das eigentliche Bekenntnis der eigenen Sünden mit einem allgemeinen Schuldbekenntnis (z.B. „Ich bekenne Gott, dem Allmächtigen …“) einzuleiten. Danach kann man sagen:

Ich bekenne meine Sünden. Ich habe …

Jetzt kann es hilfreich sein, wenn man sich bei der Gewissenserforschung einige Notizen gemacht hat – gerade, wenn die letzte Beichte lange zurückliegt und viele Punkte erwähnt werden müssen.
Wichtig ist, daß man **ehrlich** beichtet. Auf jeden Fall muß man alle schweren Sünden bekennen – und zwar möglichst präzise, d.h. man sollte die genaue Zahl (oder wenigstens eine grobe Schätzung)

und alle relevanten **Umstände** nennen. Wenn ich nicht ehrlich beichte und aus Scham eine schwere Sünde verschweige, ist die Beichte ungültig. Das Konzil von Trient beschreibt dies mit einem schönen Bild: „Wenn sich nämlich der Kranke schämt, dem Arzt seine Wunde zu entblößen, so heilt die Arznei nicht, was sie nicht kennt." (KKK 1456) In einem solchen Fall muß ich erneut zur Beichte gehen. Wenn ich eine schwere Sünde vergessen habe, die mir erst nach der Beichte wieder einfällt, ist die Beichte gültig. Ich muß mir aber vornehmen, die vergessenen schweren Sünden bei der nächsten Beichte noch einmal zu nennen. Wenn ich eine Frage habe oder mir in einer Sache unsicher bin, frage ich den Beichtvater.

Es gilt der Grundsatz: Wenn ich ehrlich beichte und nichts aus falscher Scham verschweige, dann werden in der Beichte alle Sünden vergeben.

Die läßlichen, leichteren Sünden müssen nicht alle einzeln bekannt werden. Die Kirche empfiehlt uns aber nachdrücklich, auch die leichten Sünden in der Beichte zu nennen: „Das regelmäßige Bekenntnis unserer läßlichen Sünden ist für uns eine Hilfe, unser Gewissen zu bilden, gegen unsere bösen Neigungen anzukämpfen, uns von Christus heilen zu lassen und im geistigen Leben zu wachsen. Wenn wir in diesem Sakrament öfter das Geschenk der Barmherzigkeit Gottes empfangen, wird es uns drängen, selbst barmherzig zu sein wie er." (KKK 1458) Es ist sinnvoll, hier zumindest die

Hauptfehler und Hauptschwächen und diejenigen Sünden zu nennen, die uns besonders belasten.

Es versteht sich vielleicht von selbst, aber natürlich gehört auch zur Ehrlichkeit, daß ich mich nicht Sünden anklage, die ich nicht begangen habe. Umgekehrt aber kann ich Sünden, die bereits in früheren Beichten vergeben worden sind, noch einmal in der Beichte nennen. Dies ist ein Akt der Demut und Buße und hilft dabei, zeitliche Folgen, die von diesen Sünden noch bestehen geblieben sind, auszuräumen und der Gnade Gottes weiten Raum zu schaffen.

Es kann passieren, daß man das Gefühl hat, nicht völlig aufrichtig beichten zu können, weil es schwer sein kann, in der Beichte die richtigen Worte zu finden und die eigenen Empfindungen und Sünden „auf den Punkt zu bringen". Wir stoßen hier auf das „Eisberg-Phänomen".[18] Bei einem Eisberg sind immer 90% unter der Wasseroberfläche und nur 10% seiner Masse über Wasser sichtbar. Ähnlich verhält es sich auch mit unserer Schuld – da ist immer eine Spitze, die sichtbar ist und die ich in Worte fassen kann. Das, was sozusagen unter der Oberfläche meines Bewußtseins und Wissens bleibt, kann ich vielleicht erahnen, aber nur selten in eine gute Formulierung bringen. Dieses „Eisberg-Phänomen" sollte uns nicht weiter beunruhigen – es reicht aus, sich um eine möglichst klare, kurze, präzise und vollständige Darstellung der eigenen Sünden zu bemühen, so gut man es vermag, ohne sich allzusehr zu strapazieren. Das schöne an der Beichte ist ja, daß der ganze Eisberg, zu einhundert Prozent, von der Liebe Gottes „weggeschmolzen" wird!

Auch sollte man bedenken, daß man sich in der Beichte ganz und gar dem Beichtvater anvertrauen kann. Er ist nun verantwortlich, und es ist seine Aufgabe, dem Pönitenten dabei zu helfen, ein gutes Bekenntnis abzulegen. Wenn man unsicher ist, sollte man keine Scheu haben, zu fragen.
In einem „Gebet des Beichtvaters" heißt es:
„Gib mir ein empfindsames Herz, so daß über meine Lippen nie ein Wort der Verurteilung kommt, sondern nur Worte der Barmherzigkeit, die in der Kraft deines Namens Erlösung bringen. (...) Maria, gib, daß ich mit der Liebe Deines Herzens Deinen Kindern zuhören und ihnen helfen kann ..."
Grundsätzlich darf man davon überzeugt sein, daß jeder Beichtvater diesem Ideal folgt und jeden, der kommt, mit Hochachtung und Freundlichkeit empfängt. Nun ist es so, daß auch Priester in menschlicher Schwachheit Fehler machen. Es kann geschehen, daß man in der Beichte unfreundlich behandelt wird, sich unverstanden oder beschimpft fühlt. Doch auch in einem solchen Fall darf man sich nicht entmutigen lassen! Das wichtigste ist, daß der Priester als Werkzeug Christi und der Kirche han-

delt und mir die Vergebung „mit Brief und Siegel“ zuspricht. Gegebenenfalls wird man nach einer schlechten Erfahrung zur nächsten Beichte einen anderen Beichtvater aufsuchen.

Wenn ich mit dem Bekenntnis meiner Sünden fertig bin, kann ich sagen:

Dies sind alle meine Sünden. Ich bereue sie von Herzen.

oder:

Ich bereue, daß ich Böses getan und Gutes unterlassen habe. Erbarme dich meiner, o Herr.

oder:

Herr Jesus, Sohn Gottes, hab Erbarmen mit mir Sünder.

Sollte der Beichtvater etwas nicht richtig verstanden haben, fragt er nach. Wenn es nötig ist, hilft er mir, meine Sünden vollständig zu bekennen, und ermahnt mich zur Reue. Dann gibt er in der Regel einen **Zuspruch**, d.h. er gibt einen guten Rat und sagt einige Worte, die mir Mut machen sollen. Dann schlägt der Beichtvater ein **Bußwerk** vor (in der Regel ein Gebet), das ich zur Genugtuung für meine Sünden und zur Besserung meines Lebens auf mich nehmen soll.

Gebet des Gläubigen und Lossprechung

Mancherorts ist es üblich, daß der Beichtende nun noch einmal seine Reue zum Ausdruck bringt und ein Gebet spricht, wie z.B.:

Mein Gott, von ganzem Herzen bereue ich, daß ich Böses getan und Gutes unterlassen habe; denn durch meine Sünde habe ich dich, der du über alles gut bist und wert bist, über alles geliebt zu werden, beleidigt. Mit deiner Gnade nehme ich mir fest vor, Buße zu tun, nicht wieder zu sündigen und die Gelegenheit zur Sünde zu meiden. Um des Leidens unseres Erlösers, Jesu Christi, willen, erbarme dich meiner, o Herr.

Dann kommt der Augenblick der Lossprechung (Absolution). Jesus Christus selbst handelt durch den Priester, der mir im Namen Christi und der Kirche die Vergebung zusagt und mich von den Sünden losspricht. Er tut es mit den Worten:

Gott, der barmherzige Vater, hat durch den Tod und die Auferstehung seines Sohnes die Welt mit sich versöhnt und den Heiligen Geist gesandt zur Vergebung der Sünden. Durch den Dienst der Kirche schenke er dir Verzeihung und Frieden.
SO SPRECHE ICH DICH LOS VON DEINEN SÜNDEN + IM NAMEN DES VATERS UND DES SOHNES UND DES HEILIGEN GEISTES.

Während der Lossprechung bekreuzige ich mich und antworte: **Amen.**

<u>Lobpreis Gottes und Entlassung</u>

Der Priester beendet die Beichte mit den Worten:

Danket dem Herrn, denn er ist gütig.
Der Beichtende antwortet:

Sein Erbarmen währt ewig.

Dann entläßt der Priester den Gläubigen mit den Worten:

Der Herr hat dir die Sünden vergeben. Geh hin in Frieden.

Nach der Lossprechung kann der Priester auch ein anderes Gebet sprechen, z.B.:

Das Leiden unseres Herrn Jesus Christus, die Verdienste der allerseligsten Jungfrau Maria und aller Heiligen, alles, was du Gutes tust und Böses erduldest, gereiche dir zur Verzeihung deiner Sünden, zur Vermehrung der Gnade und zum Lohn im ewigen Leben. Geh hin in Frieden. Amen.

Gelobt sei Jesus Christus!

Ich antworte: **In Ewigkeit. Amen.** und verlasse den Beichtstuhl.

Danksagung

Nach dem Bekenntnis danke ich dem Herrn für das Geschenk der Vergebung. Ein alter Grundsatz des geistlichen Lebens lautet: Ich soll genausoviel Zeit für die Danksagung verwenden, wie ich für die Vorbereitung der Beichte gebraucht habe! Die Danksagung darf nicht zu kurz kommen. Der barmherzige Vater läßt ein großes Fest feiern, als er seinen verlorenen Sohn wiedergefunden hat. Etwas von einem Fest, von der Freude Gottes, die in der Beichte sichtbar wird, darf auch in unserer Danksagung enthalten sein.

Ich spreche ein Dankgebet mit eigenen Worten oder z.B.:

> Ich danke dir, Herr, für die Vergebung, die ich erfahren habe, und für den Mut zu einem neuen Beginn. Ich danke auch für die Versöhnung mit der Kirche, der ich mit meiner Schuld Schaden zugefügt habe.
> Ich will mir Mühe geben, nicht nur mit Worten dankbar zu sein. Auch ich will vergeben, wenn andere mir schaden oder mir wehe tun.
> Ich weiß, Herr, es wird nicht alles ganz anders werden in meinem Leben. Aber ich vertraue darauf, daß du mich nicht verwirfst und daß die Kirche mir immer wieder deinen Frieden schenkt, auch wenn nicht alles gelingt, was ich mir vornehme.

Ich danke dir, Herr, daß ich solches Vertrauen haben darf, weil du unsere Schuld getragen hast und weil dein Erbarmen fortlebt in deiner Kirche.[19]

oder:

Herr Jesus Christus, wie unfähig bin ich, dir für so viel Liebe recht zu danken! Ich habe die Macht deiner Auferstehung jetzt an mir erfahren dürfen. Dein Friedenswort hat mich von aller Angst befreit. Es ist mir nicht ganz leichtgefallen, zu bekennen und mich zu einer gründlichen Umkehr zu entschließen. Aber wie gering ist das, wenn ich an dein Leiden und Sterben denke. Ich stehe hoch in Schulden vor dir. Mein ganzes Leben muß nun eine immerwährende Danksagung aus zerknirschtem Herzen sein. Mit der kleinen Buße, die mir der Priester auferlegt hat, ist es nicht getan. Wenn du mir Leiden und Widerwärtigkeiten schickst, so will ich sie bereitwillig annehmen, da du mich durch unsägliches Leiden von meinen Sünden erlöst hast.
Mit deiner Gnade konnte ich nun aufrichtig eingestehen, daß das, was ich bisher so oft verteidigt habe, Gemeinheit und Schuld vor dir bedeutet. Es wird mir nicht leicht sein, an diesem Bekenntnis im Leben festzuhalten. Aber ich will mich nicht mehr schämen, wenn es

gilt, für deine heiligen Gebote, für deine Kirche und für die Ehre dieses Sakramentes den Mund aufzutun. Herr, hilf mir, daß ich es fertigbringe!
Dein Leib, o Herr, den ich nun wieder mit gereinigtem Herzen empfangen darf, gibt mir Freude und Zuversicht. Die Teilnahme am Mahl der Liebe wird mich jedesmal daran erinnern, daß ich nicht mehr für mich leben darf, sondern nur mehr für dich und die Gemeinschaft deiner Erlösten.
Maria, Zuflucht der Sünder und meine Mutter, hilf mir danken, hilf mir treu sein! Amen.[20]

oder:

Gütigster Vater im Himmel! Ich danke dir von ganzem Herzen für die große Wohltat, die du mir jetzt erwiesen hast. Du hast mir durch deinen Priester die Sünden vergeben und deine Gnade verliehen. Ich will dich über alles lieben und mir alle Mühe geben, dich nicht mehr zu beleidigen. Gib mir dazu deine Gnade!
Mein Jesus, du hast mich rein gewaschen mit deinem kostbaren Blut. In deine Hände empfehle ich meine Seele. Gib, daß ich deinen Geboten allzeit treu bleibe, und laß nicht zu, daß ich mich jemals von dir trenne!
Maria, Mutter der Gnade und Zuflucht der Sünder, bitte für mich![21]

Mein Herr und mein Gott,
nimm alles von mir, was mich hindert zu dir!
Mein Herr und mein Gott,
gib alles mir, was mich fördert zu dir!
Mein Herr und mein Gott,
nimm mich mir und gib mich ganz zu eigen
dir!
(hl. Bruder Klaus)

In wirklichen Notfällen – wenn die Umstände es nicht erlauben, daß die Gläubigen einzeln die Beichte ablegen – kann ein Priester auch mehreren Gläubigen zugleich die Absolution erteilen. Man nennt dies die „Generalabsolution". Die Gläubigen sind aber dazu verpflichtet, zu einem späteren Zeitpunkt (wenn die Notlage vorüber ist) zumindest die schweren Sünden noch einmal in der persönlichen Beichte zu bekennen. Auch die Bußgottesdienste, die in verschiedenen Pfarreien in der Advents- und Fastenzeit angeboten werden, sollen eine Hilfe auf dem Weg der Bekehrung sein, den Geist der Umkehr und Buße fördern und die persönliche Beichte vorbereiten. Es ist sinnvoll, sich durch den Besuch eines Bußgottesdienstes auf die Beichte vorzubereiten – er kann aber niemals die persönliche Beichte ersetzen!

5. Büßen

Herr, die Hälfte meines Vermögens will ich den Armen geben.

Dann kam er nach Jericho und ging durch die Stadt. Dort wohnte ein Mann namens Zachäus, er war der oberste Zollpächter und war sehr reich. Er wollte gern sehen, wer dieser Jesus sei, doch die Menschenmenge versperrte ihm die Sicht; denn er war klein. Darum lief er voraus und stieg auf einen Maulbeerfeigenbaum, um Jesus zu sehen, der dort vorbeikommen mußte. Als Jesus an die Stelle kam, schaute er hinauf und sagte zu ihm: Zachäus, komm schnell herunter! Denn ich muß heute in deinem Haus zu Gast sein." Da stieg er schnell herunter und nahm Jesus bei sich auf. Als die Leute das sahen, empörten sie sich und sagten: Er ist bei einem Sünder eingekehrt. Zachäus aber wandte sich an den Herrn und sagte: Herr, die Hälfte meines Vermögens will ich den Armen geben, und wenn ich von jemand zu viel gefordert habe, gebe ich ihm das Vierfache zurück. Jesus aber sprach zu ihm: Heute ist diesem Haus Heil widerfahren, weil auch er ein Sohn Abrahams ist. Denn der Menschensohn ist gekommen, zu suchen und zu retten, was verloren war. (Lk 19,5–8)

Zachäus – ein kleiner Mann mit einem brennenden Verlangen: Er will Jesus sehen. Ein kleiner Mann, der aufgeregt durch die Volksmenge läuft und keinen guten Platz findet und schließlich auf einen Baum klettert. Es ist ihm egal, wie lächerlich er dort oben aussieht und welch böse Blicke ihm zugeworfen werden – ihm, dem reichen Zollpächter, ihm, dem verachteten Sünder. Er will Jesus sehen!

Wer Jesus sehen will, muß aktiv werden. „Das hat eh keinen Zweck, die Schwierigkeiten sind zu groß!" – Wer so denkt, hat schon verloren. Es ist mühsam, zur Beichte zu gehen. Es ist lästig, einmal vor der verschlossenen Kirche zu stehen, und es ist peinlich, von den Leuten angestarrt zu werden, wenn man den Beichtstuhl betritt. Bitten wir den Herrn, daß auch wir von einem brennenden Verlangen erfüllt werden: Ich will Jesus sehen! Die Sehnsucht nach der heilenden, befreienden Begegnung mit Jesus kann Flügel verleihen und alle praktischen Schwierigkeiten überwinden.

Jesus ruft Zachäus. Er spricht ihn mit seinem Namen an. Er kennt ihn, er kennt sein Herz, und er muß heute bei ihm zu Gast sein, in seinem Haus. Jesus ruft auch uns beim Namen. Er kennt unser Herz. Er weiß, wie es um uns steht, und es interessiert ihn nicht, was andere denken. Gottes Plan und sein Heilswille stoßen immer wieder auf Unverständnis. Jesus sehnt sich danach, bei uns zu Gast zu sein. Er möchte, daß wir in der Beichte unser Herz öffnen, damit er eintreten kann. Er ist gekommen, um zu suchen und zu retten, was verloren

ist. Er möchte die Wunden heilen, die die Sünde in uns geschlagen hat. Zachäus erfährt dieses Heil. Er nimmt es entgegen, und es verändert ihn im Innersten. Er wird in seinem Herzen und in seinem Willen wieder auf Gott ausgerichtet. Und die innere Bekehrung zeigt sich auch nach außen: Er ist bereit, den angerichteten Schaden, die Ungerechtigkeit, wiedergutzumachen. Nicht nur so, wie es das jüdische Gesetz vorschreibt – viel großzügiger, viel überschwenglicher will er geben und schenken.
Der nächste Schritt der Beichte ist die Buße oder „Genugtuung". Das innere Geschehen muß auch äußerlich sichtbar werden. Die Buße ist eigentlich eine Konsequenz aus der Reue über die Schuld und aus dem ehrlichen Bekenntnis. Wenn ich Schaden angerichtet habe, will ich ihn wiedergutmachen, so gut es mir möglich ist. „Buße" bedeutet, eine „Sühne" für die Sünden zu leisten. Es geht nicht darum, daß wir die Schuld aus eigener Kraft wieder vollständig gutmachen könnten – wir können uns die Vergebung nicht „verdienen", wir haben keinen Anspruch darauf, sie ist und bleibt Geschenk Gottes.

Wir können die Buße unter zwei Gesichtspunkten betrachten: Zum einen ist es notwendig, daß die Vergebung Gottes in meinem Leben Spuren hinterläßt. Wenn ich mich wieder ganz und gar auf Gott ausrichten will, wenn ich durch mein ganzes Leben

„ja" sagen will zur Liebe Gottes, dann muß das auch in einem äußeren Zeichen sichtbar werden. Die Buße ist ein solches Zeichen, das vom Beichtvater vorgegeben wird. Es besteht in der Regel in einer Gebetsübung, die man möglichst bald verrichtet, kann aber auch darin bestehen, dass man eine Gabe gibt, einen Dienst am Nächsten verrichtet o.ä.

Zum anderen hilft uns die Buße aber auch dabei, Gottes Vergebung besser annehmen können. Um es mit einem Beispiel auszudrücken: Nehmen wir an, ich habe einem Freund 5.000 Euro gestohlen. Nehmen wir ferner an, mein Freund verzeiht mir. Jetzt hat er zwei Möglichkeiten, mir zu vergeben. Er kann sagen: „Okay, ich vergebe dir. Und dann hätte ich gerne noch das Geld zurück!" Oder er sagt: „Gut, ich vergebe dir. Weißt du was – behalte doch die 5.000 Euro einfach!" Welche Liebe ist größer? Wir sagen spontan: Die, die mit der Vergebung auch das Geld herschenkt. Aber anders gefragt: Welche Liebe kann ich denn besser annehmen? Doch die Liebe, die mir die Gelegenheit gibt, nicht nur zu empfangen, sondern auch selbst etwas zur Wiedergutmachung beizutragen. Gott schenkt uns seine Vergebung auf eine menschliche Weise, so daß wir sie auch annehmen können.

Die Bereitschaft, immer wieder umzukehren, immer wieder sein ganzes Leben auf Gott auszurichten, kann man auch als Grundhaltung der Buße bezeichnen. Wie ein roter Faden zieht sich die

Forderung nach dieser ständigen Hinwendung zu Gott durch das Evangelium. Wir sollen sie immer wieder im Alltag umsetzen. Dabei hilft uns die Kirche, die besondere Tage und Zeiten der Buße kennt: Die 40 Tage vor Ostern, die „Fastenzeit" oder „österliche Bußzeit", sind wie ein jährliches Trainingslager, in dem die Kirche uns einlädt, besonders intensiv diese Grundhaltung einzuüben.

6. Bessern

Geh und sündige von jetzt an nicht mehr.
Da brachten die Schriftgelehrten und die Pharisäer eine Frau, die beim Ehebruch ertappt worden war. ... [Jesus] sagte zu ihnen: Wer von euch ohne Sünde ist, werfe als erster einen Stein auf sie. ... Als sie seine Antwort gehört hatten, ging einer nach dem anderen fort, zuerst die Ältesten. Jesus blieb allein zurück mit der Frau, die noch in der Mitte stand. Er richtete sich auf und sagte zu ihr: Frau, wo sind sie geblieben? Hat dich keiner verurteilt? Sie antwortete: Keiner, Herr. Da sagte Jesus zu ihr: Auch ich verurteile dich nicht. Geh und sündige von jetzt an nicht mehr. (Joh 8,3.7.9–11)

Mit der Buße hängt der letzte Schritt der Beichte eng zusammen: *„Geh und sündige von jetzt an nicht mehr"*, sagt Jesus zu der Ehebrecherin. Wenn ich eine Sünde bereue, dann ist konsequenterweise damit auch der Vorsatz verbunden, sie nicht mehr begehen zu wollen. Und so lautet der allgemeine Vorsatz nach der Beichte: Ich möchte nicht mehr sündigen, ich will ein besserer Mensch werden. Es empfiehlt sich, diesen allgemeinen Vorsatz zu konkretisieren. So kann man sich vornehmen, in der nächsten Zeit besonders gegen eine bestimmte Sünde anzugehen, in die man immer wieder zurückfällt. Oder man nimmt sich vor, eine besondere Tugend zu üben, die der eigenen Sünde entgegensteht – Unfreundlichkeit mit besonderer Freundlichkeit bekämpfen, Geiz mit besonderer Freigiebigkeit, unregelmäßiges und laues Gebet mit regelmäßigem Beten usw.

Die Sünde entfernt uns von Gott, sie will erreichen, daß wir uns vor ihm „verstecken", wie es Adam und Eva taten. Ein guter, konkreter Vorsatz besteht darin, die Nähe Gottes zu suchen und sich ganz bewußt von seiner Liebe umfangen zu lassen – im Besuch der heiligen Messe auch einmal werktags, im betrachtenden Gebet vor dem Tabernakel, bei der privaten Lesung aus der Heiligen Schrift …

Ein Vorsatz bedeutet aber keine Garantie – ich kann mir oft ausrechnen, daß ich aller Wahrscheinlichkeit nach wieder in denselben Fehler zurückfalle. Es geht hier nicht darum, zu versprechen, daß man diese Sünde nie wieder begeht. Das kann keiner! Es geht aber auch nicht darum, zu sagen:

Wunderbar, ich gehe beichten, dann ist das ja nicht so schlimm, ich kann denselben Fehler immer wieder machen. Dann wäre meine Reue nicht ehrlich. Es geht darum, daß ich den festen Willen habe, die Sünde zu meiden, daß ich sie nicht begehen **will**, sondern daß ich mein ganzes Leben auf Gott ausrichten will – ob und wie lange ich diesen Vorsatz durchhalte, ist eine andere Frage.
Von einem jüdischen Rabbiner wird das Wort berichtet: „Es ist nicht schlimm, daß der Mensch in Sünde fällt, denn die Versuchung ist groß und der Mensch ist schwach. Schlimm ist, daß der Mensch jederzeit die Möglichkeit zur Umkehr hat und sie nicht nutzt." Wir werden es oft erleben, daß unsere guten Vorsätze nicht lange anhalten und wir wieder in alte Fehler und Sünden zurückfallen. Eine gute Beichte macht uns noch nicht zu Heiligen! Wir müssen beständig sein und geduldig, so wie auch der barmherzige Vater mit uns geduldig ist. Und wenn wir unsere Schuld in der Beichte immer wieder vor Gott tragen, werden wir spüren, wie er langsam, aber sicher hilft und wie wir uns mit seiner Gnade immer mehr verändern. Auch dann, wenn man über Jahre und Jahre hinweg glaubt, keine Besserung zu spüren, darf man nicht aufgeben. Gott macht uns nicht einfach so, in einem Augenblick, zu Heiligen – wir müssen ihm auch die Chance geben, uns ganz allmählich, über Jahre und Jahrzehnte hinweg, zu verändern. Wir brauchen Geduld.

Habe ich einen konkreten Vorsatz gefaßt, so muß ich die Ausführung meines Vorsatzes begleiten und überprüfen. Dies geschieht am besten in folgender Weise:
Morgens, nach dem Aufstehen, kann man seinen konkreten Vorsatz nach dem Morgengebet erneuern und den Herrn um die Kraft bitten, ihn im Laufe des Tages immer wieder zu erfüllen.
Abends, beim Abendgebet, geht man den Tag in Gedanken noch einmal durch und prüft, ob und wie man seinen Vorsatz gehalten hat. Es ist grundsätzlich sinnvoll, die Gewissenserforschung nicht nur vor der Beichte zu halten, sondern zu versuchen, jeden Tag einmal innezuhalten und das eigene Leben und Verhältnis zu Gott unter die Lupe zu nehmen. Für alles, was gelungen ist, kann man Gott Dank sagen. Für alles, was mißraten ist, bittet man um Vergebung und um neue Kraft. Man kann sich auch ein kleines Zeichen der Buße auferlegen – ein kleiner Verzicht oder ein Gebet.

Und wenn die Nacht kommt und der Rückblick zeigt, daß alles Stückwerk war und vieles ungetan geblieben ist, wenn so manches tiefe Beschämung und Reue weckt: dann alles nehmen, wie es ist, in Gottes Hände legen und ihm überlassen.
So wird man in ihm ruhen können, wirklich ruhen und den neuen Tag wie ein neues Leben beginnen.
(Edith Stein)

Durch diese Methode wird der Vorsatz aus der Beichte wirklich in mein alltägliches Leben integriert. Und wer versucht, auf diese Weise zu leben, wird feststellen, daß sich so nicht nur die regelmäßige Beichte viel besser angehen läßt (weil ich die einzelnen Schritte der Beichte immer wieder vollziehe), sondern daß sich das Leben mit Gott insgesamt intensiviert. Er wird erleben, daß unser Gott ein ganz naher Gott ist, daß er an unserem Alltag mit all seinen Sorgen, Freuden und Widerwärtigkeiten interessiert ist, uns hilft und uns führt, damit wir immer mehr in seiner Liebe leben können.

Auf diese Weise werde ich vielleicht nicht so toll werden, daß ich keine Sünden mehr begehe und nicht mehr beichten muß. Aber ich werde anfangen, als „gottgeliebter Sünder" aus dem Geist der Vergebung heraus zu leben und auf diese Weise Gott und den Nächsten immer mehr zu lieben.

Regelmäßige Beichte

In meiner neuen Wohnung mache ich eine überraschende Entdeckung: Scheinbar aus dem Nichts heraus bilden sich in kürzester Zeit dicke, unschöne Staubflocken. Ich bin weder mit dreckigen Schuhen ins Haus gelaufen noch habe ich auf andere Weise Staub und Schmutz hereingetragen. Irgendwie bildet sich dieser Staub, ohne daß ich etwas daran ändern kann. Da hilft nur eins: Staub wischen!

Vielleicht sieht es in unserem Inneren genauso aus: Auch wenn wir keine schweren Sünden begehen,

„verstauben“ wir gewissermaßen durch die kleinen, fast unmerklichen läßlichen Sünden. Eine regelmäßige Reinigung ist hygienisch und tut not!
Im strengen Sinne bin ich zwar nur verpflichtet, die schweren Sünden wenigsten einmal im Jahr zur österlichen Zeit zu beichten. Warum aber soll ich dieses große Geschenk der Versöhnung und Verzeihung nicht öfter empfangen? Es empfiehlt sich schon aus praktischen Gründen, einen überschaubaren Zeitraum zu wählen, so daß man sich an seine Sünden auch konkret erinnern kann. Die Erfahrung rät zur monatlichen Beichte – aber man kann durchaus auch einen anderen Zeitraum wählen. Hier muß jeder Christ selbst eine gute, sinnvolle Praxis finden. Es ist auch nicht falsch, diesbezüglich den Beichtvater um Rat zu bitten.

7. Bei dir ist Vergebung, und damit kann ich leben

Dieser kehrte als Gerechter nach Hause zurück.
Einigen, die von ihrer eigenen Gerechtigkeit überzeugt waren und die anderen verachteten, erzählte Jesus dieses Beispiel: Zwei Männer gingen zum Tempel hinauf, um zu beten; der eine war ein Pharisäer, der andere ein Zöllner. Der Pharisäer stellte sich hin und sprach leise dieses Gebet: Gott, ich danke dir, daß ich nicht wie die anderen Menschen bin, die Räuber, Betrüger, Ehebrecher oder auch

wie dieser Zöllner dort. Ich faste zweimal in der Woche und gebe dem Tempel den zehnten Teil meines ganzen Einkommens. Der Zöllner aber blieb ganz hinten stehen und wagte nicht einmal, seine Augen zum Himmel zu erheben, sondern schlug sich an die Brust und betete: Gott, sei mir Sünder gnädig! Ich sage euch: Dieser kehrte als Gerechter nach Hause zurück, der andere nicht. (Lk 18,9–13)

Mancher mag das Gleichnis vom barmherzigen Vater schwierig finden: Der verlorene Sohn wird einmal schuldig, bekehrt sich dann und wird vom Vater wieder freudig aufgenommen. Aber wie wird der Vater reagieren, wenn er seine Freiheit immer und immer wieder zur Sünde mißbraucht? Und sind wir nicht diejenigen, die immer und immer wieder in dieselben Sünden und Fehler zurückfallen? Keine Sorge – Gott, unser guter und barmherziger Vater, wird nicht müde, uns immer wieder auch dieselben Sünden und Fehler zu vergeben. Diese große Wahrheit scheint sehr schön in dem Gleichnis vom Zöllner und Pharisäer auf. Der Zöllner kehrt nach seinem ehrlichen Stoßgebet als Gerechter nach Hause zurück. Er bleibt ein Zöllner, das heißt: Er bleibt in den Verhältnissen seines alten Lebens, er kann sich nicht – wie der Zöllner Zachäus – mit einem befreienden Schlag von all seinen schuldhaften Verstrickungen lösen. Vielleicht ist uns in unserem nüchternen und manchmal frustrierenden Alltag dieser Zöllner sehr nahe: Auch wir kehren ja nach der Beichte in unseren Alltag, in unsere Familie, in unsere Beziehungen, an unsere Arbeitsstelle usw. zurück. Nur selten haben wir die Kraft, in einem großen Befreiungsschlag alle Verhältnisse zum Besseren zu verändern. Aber darauf kommt es vielleicht auch gar nicht so sehr an. Vielmehr kommt es darauf an, immer wieder die Schuld zu bekennen und aus der Vergebung Gottes heraus zu leben. In Psalm 130 findet sich der Vers (4): *„Doch bei dir ist Vergebung, damit man in Ehrfurcht dir dient."* Eine andere Übersetzung formuliert: *„Doch bei dir ist Vergebung, und damit kann ich leben."* Und dies faßt ganz genau zusammen, was uns das Sakrament der Beichte schenkt: Wir können leben – auch mit unserer Schwäche, Bosheit, Sünde und Schuld; und auch damit, daß wir nicht sofort zu heiligen und vollkommenen Menschen werden – weil Gott uns immer wieder Vergebung schenkt.

Anhang

Was ist ein Ablaß?[22]

Nach der Beichte ist meine Schuld vergeben – manche der zeitlichen Folgen der Sünde aber bleiben und müssen aufgearbeitet werden. Dies kann auf zwei verschiedene Arten geschehen: Entweder jetzt und hier vor meinem Tod oder aber nach meinem Tod im Fegefeuer. Jetzt und hier kann ich meine Sündenfolgen auf verschiedene Weise aufarbeiten, z.B. indem ich mich um praktische Wiedergutmachung bemühe; indem ich bete; indem ich versuche, Fehlhaltungen und Charakterschwächen mit der Hilfe Gottes nach und nach zu korrigieren; indem ich mir zugefügtes Unrecht ertrage; indem ich eine Krankheit geduldig annehme usw. Diese Aufarbeitung der Sündenfolgen nennt die Kirche auch „Buße".

Der Ablaß gehört in diese Bußpraxis der Kirche. Die Kirche sagt dem einzelnen Christen: Wir lassen dich mit der Aufarbeitung deiner Sündenfolgen nicht allein, wir helfen dir bei deiner Buße. Der Ablaß ist ein Geschenk der Kirche an uns, das zur Folge hat, daß meine Sündenfolgen ganz oder teilweise aufgehoben werden. Woher nimmt die Kirche dieses großartige Geschenk? Man kann es sich so vorstellen: Jesus hat so viel Gutes getan, das zum Segen für andere wird; auch die Heiligen ha-

ben aus der Verbindung mit Jesus viel Gutes getan, das zum Segen für andere wird – über diese segensreichen Auswirkungen darf die Kirche wie über eine große, gefüllte Schatztruhe verfügen. Sie darf sie den Christen schenken. Dies geschieht durch den Ablaß. Die Kirche tritt hier als große solidarische Fürbittgemeinschaft in Erscheinung. Papst Johannes Paul II. sagt: „So kommt es zwischen den Gläubigen zu einem wunderbaren Austausch geistlicher Güter, kraft dessen die Heiligkeit des einen den anderen zugute kommt, und zwar mehr als die Sünde des einen anderen schaden kann. Es gibt Menschen, die geradezu ein Übermaß an Liebe, an ertragenem Leid, an Reinheit und Wahrheit zurücklassen, das die anderen einbezieht und aufrichtet. Es ist die Wirklichkeit der ‚Stellvertreterschaft', auf die sich das ganze Geheimnis Christi gründet." Christus hat dem Petrus verheißen: *„Was du auf Erden binden wirst, das wird auch im Himmel gebunden sein, und was du auf Erden lösen wirst, das wird auch im Himmel gelöst sein."* (Mt 16,19) Im Ablaß wird diese Binde- und Lösevollmacht des Petrusamtes konkret.
Wenn ich mir auf diese Weise von der Kirche dabei helfen lassen will, meine zeitlichen Sündenfolgen aufzuarbeiten, kann ich mir einen solchen Nachlaß schenken lassen – ich „gewinne einen Ablaß". Dies geschieht nicht dadurch, daß ich bei einer kirchlichen Behörde einen Antrag stelle oder ein Formular ausfülle. Die Kirche hat es uns einfa-

cher gemacht. Sie hat bestimmte praktische Übungen des Glaubens mit einem Ablaß verbunden. Solche praktischen Glaubensvollzüge sind oft Gebete. Aber auch Wallfahrten oder der Besuch einer Kirche können mit einem Ablaß verbunden sein. Um einen Ablaß zu gewinnen, fasse ich erstens den Vorsatz, dies zu tun, und verrichte zweitens das dazu notwendige Werk, spreche also z.B. ein Gebet, das mit einem Ablaß verbunden ist.

Ablässe kann ich für mich selbst aber auch für die Verstorbenen im Fegefeuer gewinnen. Ihnen gilt die Fürbitte der Kirche in besonderer Weise, und wir können den Verstorbenen mit Ablässen helfen, die Zeit ihrer Läuterung zu verkürzen. Ablässe für die Verstorbenen zu gewinnen, ist ein großes Zeichen der Liebe und Verbundenheit über den Tod hinaus. Für andere Lebende kann man keinen Ablaß gewinnen.

Ablaß ist aber nicht gleich Ablaß. Man unterscheidet zwei verschiedene Arten, nämlich vollkommene Ablässe und Teilablässe. „Vollkommener Ablaß“ bedeutet, daß alle zeitlichen Sündenstrafen oder Sündenfolgen nachgelassen werden. „Teilablaß“ bedeutet, daß nur ein Teil der zeitlichen Sündenfolgen nachgelassen wird. Früher waren Teilablässe mit einer Zeitangabe versehen, z.B. 30 Tage oder 100 Tage. Diese Zeitangabe bezieht sich nicht auf die Zeit, die ein Verstorbener im Läuterungszustand („Fegefeuer“) ausharren muß, sondern stammt aus der frühen Bußpraxis der Kirche: Der reumütige Sünder, der seine Schuld öffentlich bekannte, mußte eine bestimmte Zeit lang (also z.B. 30 Tage oder 100 Tage) öffentlich Buße tun. Da eine solche Zeitangabe aber ohne das Wissen um die frühe Bußpraxis der Kirche irreführend ist, wurde sie bei der Neuordnung des Ablaßwesens nach dem Zweiten Vatikanischen Konzil durch Papst Paul VI. abgeschafft.

Um einen Teilablaß zu gewinnen, genügt es, das mit dem Ablaß verbundene Werk zu verrichten.
Einen vollkommenen Ablaß zu gewinnen, ist nicht ganz so leicht. Hier müssen vier Bedingungen eingehalten werden:
1) sakramentale Beichte (dabei genügt eine Beichte zur Gewinnung mehrerer Ablässe, etwa eine Woche vorher oder nachher),
2) entschlossene Abkehr von jeder Sünde, also der feste Vorsatz, in allen Dingen ganz nach dem Willen Gottes zu leben,
3) Kommunionempfang,
4) Gebet nach Meinung des Heiligen Vaters, also Gebet für den Papst (z.B. Vaterunser, Credo und Ave Maria).
Zu diesen Bedingungen kommt dann noch das vorgeschriebene Werk, mit dem der Ablaß verbunden ist. Ist eine der Bedingungen nicht erfüllt, so gewinnt man nur einen Teilablaß. Die Kirche ist in der Gewährung von Ablässen sehr großzügig – es gibt unglaublich viele Möglichkeiten, diese Gele-

genheit des stellvertretenden Schenkens und Empfangens zu nutzen:

• In drei „allgemeinen Gewährungen“ können wir einen Teilablaß gewinnen, wenn wir: (1.) In der Pflichterfüllung und Mühe des Lebens mit demütigem Vertrauen unsere Seele zu Gott erheben und dabei wenigstens innerlich ein Stoßgebet beten; (2.) uns selbst oder unsere Güter aus dem Glauben heraus im Dienst an Notleidenden hingeben und wenn wir (3.) auf eine erlaubte Annehmlichkeit im Geist der Buße freiwillig verzichten.

• Sehr bekannte Gebete, mit denen ein Teilablaß verbunden ist, sind: Angelus („Engel des Herrn“), „Seele Christi, heilige mich“, das Apostolische Glaubensbekenntnis, verschiedene Litaneien (z.B. vom Heiligsten Namen Jesu, vom Heiligsten Herzen Jesu, von der seligen Jungfrau Maria, vom heiligen Josef, Allerheiligenlitanei), Magnifikat, Rosenkranzgebet, Kreuzzeichen, Tantum ergo, Kreuzweg …

• An allen Tagen des Jahres kann man durch folgende Werke einen vollkommenen Ablaß gewinnen:

– die Anbetung des Altarssakraments, wenigstens eine halbe Stunde lang
– die Kreuzwegandacht
– das Rosenkranzgebet in der Gemeinschaft
– die andächtige Lesung der Heiligen Schrift, wenigstens eine halbe Stunde lang.

• Sehr bekannt ist auch heute noch der vollkommene Ablaß, den man vom 1. bis zum 8. November für die Verstorbenen gewinnen kann, indem man in dieser Zeit einen Friedhof besucht und dort für die Verstorbenen betet.

• Vollkommene Ablässe kann man auch gewinnen durch die Mitfeier einer Primizmesse (erste feierliche Messe des Neupriesters) oder durch den gläubigen Empfang des päpstlichen Segens „Urbi et orbi". Wer zum ersten Mal die heilige Kommunion empfängt (Erstkommunion), kann ebenfalls einen vollkommenen Ablaß erwerben.

• Für unsere Sorge um einen guten Tod ist der vollkommene Ablaß in der Sterbestunde wichtig: Der Priester erteilt ihn, wenn er die Krankensalbung spendet. Wenn kein Priester an das Sterbebett kommen kann, wird dieser vollkommene Ablaß auch gewährt, und zwar dann, wenn der Gläubige in seinem Leben „nur einige Gebetsübungen verrichtet hat". Diese Bedingung ersetzt hier die normalerweise üblichen Bedingungen zur Gewinnung eines vollkommenen Ablasses! In manchen Gegenden ist es noch üblich, daß dem Kranken dabei ein Kreuz gezeigt oder in die Hand gegeben wird („Sterbekreuz").

Niemand ist verpflichtet, einen Ablaß zu gewinnen. Der Ablaß ist nicht heilsnotwendig. Andererseits: Wenn uns die Kirche solch ein Gnadenmittel anbietet, warum sollten wir es dann ausschlagen?

In einem Informationsblatt über den Ablaß, das die Deutsche Bischofskonferenz herausgegeben hat, heißt es: „In Jesus Christus ist die Menschenfreundlichkeit Gottes unter uns erschienen; er enthüllt das Antlitz Gottes, des Vaters, voll Erbarmen und Mitleid. Zu den Zeichen, die uns helfen, die Schwelle des neuen Jahrtausends als eine Schwelle der Hoffnung zu überschreiten und anderen Zeugnis zu geben von unserer Hoffnung, gehört auch der Ablaß."

Anmerkungen

[1] Vgl. zum gesamten Thema: Paul ANCIAUX, Das Sakrament der Buße. Geschichte, Wesen und Form der kirchlichen Buße (Mainz 1961); Anton ZIEGENAUS, Das Sakrament der Buße, in: Hubert LUTHE (Hg.), Christusbegegnung in den Sakramenten (Kevelaer 1981), 365ff.; Ders., Das Sakrament der Buße, in: Walter BRANDMÜLLER (Hg.), Christus in den Sakramenten der Kirche (Aachen 1998), 139ff.; Ludwig OTT, Grundriß der katholischen Dogmatik (Freiburg [10]1981), 496ff.
[2] KKK = Katechismus der katholischen Kirche. Neuübersetzung aufgrund der Editio typica Latina (München – Libreria Editrice Vaticana 2003).
[3] Vgl. Piet VAN BREEMEN, Was zählt, ist Liebe. Exerzitien für den Alltag (Freiburg 1999), 44ff.
[4] Vgl. Ulrich FILLER, Liturgie. Das Herz der Kirche (Kißlegg [2]2004), 16ff.
[5] Vgl. Manfred LÜTZ, Der blockierte Riese. Psycho-Analyse der katholischen Kirche (Augsburg 1999), 156.
[6] Vgl. Josef PIEPER, Heinrich RASKOP, Christenfibel (München 1979), 58ff.
[7] Vgl. Anm. 1 und Thomas CAHILL, Wie die Iren die Zivilisation retteten (München 1998), 187ff.
[8] Hinweise zur Betrachtung der Schriftstellen gaben: Alois STÖGER, Das Evangelium nach Lukas. 2.Teil (Düsseldorf 1966) = Wolfgang TRILLING (Hg.), Geistliche Schriftlesung. Erläuterungen zum Neuen Testament für die Geistliche Lesung 3/2; Karl STAAB, Das Evangelium nach Markus und Lukas (Würzburg 1956) = Karl STAAB (Hg.), Die Heilige Schrift in deutscher Übersetzung. Echter Bibel 5; Jakob KREMER, Lukasevangelium (Würzburg 1988) = Joachim GNILKA (Hg.), Die Neue Echter Bibel. Kommentar zum Neuen Testament mit der Einheitsübersetzung 3.
[9] Vgl. Piet VAN BREEMEN, Erfüllt von Gottes Licht. Eine Spiritualität des Alltags (Würzburg [4]1999), 38f.

[10] Vgl. Blaise PASCAL, Größe und Elend des Menschen. Aus den „Pensées" (Frankfurt am Main 1979), 13f.

[11] Vgl. Martin RAMM, Beichtspiegel. Praktische Beichthilfe für Erwachsene (Thalwil ^{3}2004), 15. Dieses Heft kann vom Verfasser kostenlos bezogen werden: p.ramm@fssp.ch

[12] Vgl. Gabriel HOPFENBECK, Männerbeichte (Augsburg 1963), 6.

[13] Vgl. Bernhard HÄRING, Frohes Beichten (Freiburg 1955), 57.

[14] Liturgische Institute Salzburg, Trier, Zürich (Hg.), Die Feier der Buße nach dem neuen Rituale Romanum. Studienausgabe (Freiburg1974).

[15] Die Beschreibung der Beichtmethoden findet sich in: Gratian HUNZIKER, Gut beichten (Konstanz u.a. ^{11}1950), 11ff.

[16] Zitiert nach: Claudia HOFRICHTER u.a., Ich glaube. Handreichung zur Firmvorbereitung (München 1994), 272.

[17] Vgl. Martin RAMM, Beichtspiegel. Praktische Beichthilfe für Erwachsene (Thalwil ^{3}2004), 35.

[18] Vgl. Piet VAN BREEMEN, Was zählt, ist Liebe. Exerzitien für den Alltag (Freiburg 1999), 53.

[19] Vgl. Gotteslob, Katholisches Gebet- und Gesangbuch (in Ausgaben für die einzelnen Bistümer), herausgegeben von den Bischöfen Deutschlands und Österreichs und der Bistümer Bozen-Brixen und Lüttich Nr. 60, 5, dort auch weitere Hinweise zu Dankgebeten.

[20] Vgl. Bernhard HÄRING, Frohes Beichten (Freiburg 1955), 62.

[21] Vgl. Martin RAMM, Beichtspiegel. Praktische Beichthilfe für Erwachsene (Thalwil ^{3}2004), 39.

[22] Vgl. zu diesem Thema auch den ausführlichen Beitrag mit Literaturhinweisen in: Ulrich FILLER, Himmel, Hölle, Fegefeuer. Was geschieht uns nach dem Tod? (Kißlegg 2004), 101ff.